Lasko · Die Kraft der Faszination

Wolf W. Lasko

Die Kraft
der Faszination

Talente aufspüren
Lebensvisionen entwerfen
Begeisterung erleben

GABLER

Die Deutsche Bibliothek – CIP-Einheitsaufnahme

Lasko, Wolf W.:
Die Kraft der Faszination : Talente aufspüren,
Lebensvisionen entwerfen, Begeisterung erleben /
Wolf W. Lasko. – Wiesbaden : Gabler, 1995
ISBN 3-409-19623-4

Der Gabler Verlag ist ein Unternehmen der Bertelsmann Fachinformation.

© Betriebswirtschaftlicher Verlag Dr. Th. Gabler GmbH, Wiesbaden 1995
Lektorat: Manuela Eckstein

Umschlaggestaltung: Schrimpf und Partner, Wiesbaden
Satz: FROMM Verlagsservice GmbH, Selters/Ts.
Druck und Bindung: Wilhelm & Adam, Heusenstamm
Printed in Germany

ISBN 3-409-19623-4

Carpe diem! Nutze den Tag!

(Horaz)

Für meine 14jährige Tochter Lara,
die gerade auf der wunderbaren Reise ist,
ihr Talent zu aktivieren

Inhaltsverzeichnis

Prolog

Wir verkaufen nur das Saatgut

Stellen Sie sich vor: Sie betreten einen Laden und treffen dort auf einen freundlichen, alten Mann, der auf Ihre Frage, was er denn zu verkaufen habe, antwortet: „Alles, was Sie wollen!" Und sofort beginnen Sie damit, all die Dinge aufzuzählen, die Sie sich schon immer gewünscht haben:

▶ Ich möchte fasziniert sein vom Leben, mein Leben soll ein Fest sein.

▶ Ich möchte, daß mein großer Traum in Erfüllung geht.

▶ Ich möchte, daß alles, was ich anfasse, erfolgreich wird.

▶ Ich möchte reich und geachtet sein.

▶ Ich wünsche mir Lust, Humor und Freude als Begleiter meines Lebens.

▶ Ich will einen Beruf, der mich begeistert.

▶ Ich möchte echte Freunde haben.

▶ Ich wünsche mir ein Leben voller faszinierender Abenteuer.

▶ Ich möchte Gesundheit und Vitalität.

▶ Ich möchte …

Lächelnd fällt der alte Mann Ihnen ins Wort: „Entschuldigen Sie bitte. Ich habe mich wohl unklar ausgedrückt: Wir verkaufen keine Früchte, wir verkaufen nur den Samen."

Es gibt so viel Schönes und Wünschenswertes im Leben, aber nichts davon gibt es umsonst. Bei Ihrer Bank bekommen Sie Kredit – im Leben nicht. Denn hier lautet die Devise: Erst säen, dann ernten.

Mich hat es immer interessiert zu erfahren, was erfolgreiche Menschen dazu bringt, daß sie das tun, was sie tun. Wie oft lesen wir, daß jemand etwas Außerordentliches vollbracht hat, obwohl er eigentlich dafür keine Voraussetzungen hatte:

▶ der Arme, der Millionär wird,

▶ der Mann ohne Ausbildung, der in den Vorstand berufen wird,

▶ der Mensch, der trotz eines Sprachfehlers ein ausgezeichneter Redner wird.

Was ist der Unterschied zwischen denen, die alles erreichen, was sie sich wünschen, und denen, die scheitern? Was ist der Unterschied zwischen denen, die handeln, und denen, die nichts tun? Warum erlebt der eine Mensch die Welt als positiv, der andere hingegen als negativ? Und warum gibt es Menschen, deren Leben einen Sinn hat, und andere, die das Leben als sinnlos empfinden?

Die Antwort ist einfach: Es kommt darauf an, welche Visionen ein Mensch entwickelt hat. Der Mensch, dessen Visionen einem tiefen Herzenswunsch entsprechen, hat Ideen, die ihn faszinieren. Er hat etwas, wofür er bereit ist, sich mit aller Kraft einzusetzen. Solche Visionen beherrschen die Gedanken. Sie sind Ideale, die Prozesse in Gang setzen und Überzeugungen und Ziele verändern. Visionen brauchen bestimmte Voraussetzungen, um kein ewiger Traum zu bleiben, sondern fortschreitend realisiert zu werden: Visionen brauchen Ziele, die den Weg zu ihrer Verwirklichung ebnen, und sie müssen den vorhandenen Talenten entsprechen.

Und nun fragen Sie sich einmal nach Ihren Talenten. Können Sie Ihre Fähigkeiten präzise benennen, oder wäre Ihre Antwort eher einer der folgenden ähnlich:

▶ Ich weiß nicht so recht, früher konnte ich ganz gut ...

▶ Darüber habe ich mir noch keine Gedanken gemacht, aber eigentlich habe ich keine besonderen Talente.

▶ Ja, wenn ich malen könnte wie Rubens oder komponieren wie Beethoven, dann wüßte ich, was meine Talente sind.

Ich gehe einmal davon aus, daß Sie Lebensträume, Visionen, haben und daß Sie sich Ziele setzen, die Sie erreichen möchten. Aber: Wenn Sie nicht wissen, was Ihre Talente sind, wie wollen Sie dann wissen, welche Visionen für Sie richtig sind oder ob die Ziele, die Sie sich gesetzt haben, Ihnen entsprechen? Erst das Wissen um Ihre Talente kann Visionen aufbauen, die Sie aus ganzem Herzen anstreben und für deren Verwirklichung Sie bereit sind, Ziele zu erreichen – mag der Weg dorthin auch noch so anstrengend erscheinen.

Vorab: Dieses Buch ist kein Nachschlagewerk nach dem Motto: „Drei Wochen bis zur Erleuchtung". Sie werden auch keine universelle Anleitung, keine New-Age-Methode oder irgendeine indische Geheimlehre darin finden, durch deren Hilfe Sie mit einem Fingerschnippen Ihre Talente entdecken werden.

Dieses Buch hat vor allem einen Anspruch: Es möchte Sie dabei unterstützen, wenn Sie sich an die Möglichkeiten heranspielen wollen, die Ihnen bei der aufregenden Entdeckungsreise zu den eigenen Talenten helfen. Ihnen werden Methoden und Ideen vorgestellt, die Ihr potentielles Talent wecken oder ausbauen können und Ihnen damit ermöglichen, das Leben so zu verändern, daß Sie es in vollen Zügen genießen können. Und das ist für jeden möglich.

Aber: Die Arbeit müssen Sie leisten. Denn wollen Sie tatsächlich Ihren Visionen näherkommen, dann sollten Sie auch bereit sein, Anstrengungen auf sich zu nehmen. Von nichts kommt nichts. Selbst ein Muskel wird nur dann stark, wenn er regelmäßig trainiert wird. Viele Anstrengungen werden Ihnen abverlangt, aber alle sind durchführbar und dienen dem Ziel, Sie Ihrer Vision Schritt für Schritt näherzubringen.

Natürlich können Sie dieses Buch, nachdem Sie es gelesen haben, zur Seite legen mit dem Gefühl, ein wenig dazugelernt zu haben, und dennoch Ihren gewohnten Weg weitergehen. Aber wenn Sie bereit sind, intensive Anstrengungen zu unternehmen, um Ihre Talente zu wecken, Ihr Leben selbst in die Hand zu nehmen und es in die Richtung Ihrer Visionen zu steuern, dann verspreche ich Ihnen, daß Ihre Anstrengungen sich lohnen werden.

Die Parabel vom Adler

Leute hatten einen jungen Adler aus seinem Nest gestohlen, um ihn in ihrem Garten an eine Stange zu ketten. Anfangs wehrte sich der Vogel gegen seine Fesseln, doch mit der Zeit ergab er sich seinem Schicksal. Eines Tages entdeckte er hoch oben einen seiner Artgenossen. Dieser näherte sich ihm mit jedem Tag. Schließlich streifte er ihn mit seinen Flügeln. Durch diese Berührung wurde in dem jungen Adler eine Kraft lebendig, aufgrund derer er sich von der Stange losriß und in den Himmel davonflog.

Diese Kraft, die den Adler befähigte, sich aus seinem Gefängnis zu befreien, können Sie gewinnen, wenn Sie sich mit den Gedanken im ersten Teil dieses Buches auseinandersetzen und sie für sich als richtig und sinnvoll erkennen. Dann werden Sie vielleicht Lust verspüren, die Weite Ihres Lebens kennenzulernen, und möglichst oft den Himmel berühren wollen. Aber vergessen Sie nicht: Arbeit ist angesagt!

Jeden Tag ein wenig

Kenneth Smith hatte sieben Minuten Pause zwischen seinen Fahrten als Straßenbahnführer in Baltimore. Der große Platz, wo seine Fahrt endete, war mit dickem Gebüsch und Gestrüpp bewachsen. Herr Smith beschloß, seine sieben freien Minuten der Arbeit zu widmen. Am Ende jeder Fahrt arbeitete er und rodete die Büsche und das Unkraut. Langsam verwandelte er den Platz, der eine Augenschande gewesen war, in einen Garten. Rote Eichen und Pappeln stehen jetzt dort, umgeben von mexikanischen Rosen, Petunien, Zinnien und Veilchen. Weiche Rasenflächen sind mit weißgetünchten Feldsteinen umrandet. Kies- und Aschenwege führen zu einem Picknickplatz.

So wird es Ihnen bei den sieben Prüfungszyklen im zweiten Teil des Buches ergehen: Hier etwas Unkraut auszupfen, dort eine neue Pflanze setzen oder einem Weg mehr Form geben. Jeden Tag ein wenig, am Ende aber werden Sie herausfinden können, was für Sie persönlich wichtig ist, was Sie wirklich wollen, was Ihr potentielles Talent ist. Damit schaffen Sie sich eine solide Basis, auf der Sie Ihre Vision entwickeln und daraus die Ziele ableiten können, die Ihnen ein faszinierendes Leben schenken.

Die drei Arbeiter

Als man das Münster zu Freiburg baute, fragte man drei Steinmetze nach ihrer Arbeit. Der eine saß und haute Quader zurecht für die Mauern der Wand. „Was machst du da?" „Ich haue Stein." Ein anderer mühte sich um das Rund einer kleinen Säule für das Blendwerk der Tür. „Was machst du da?" „Ich verdiene mein Geld für meine Familie." Ein dritter bückte sich über das Ornament einer Kreuzblume für den Fensterbogen, mit dem Meißel vorsichtig tastend. „Was machst du da?" „Ich baue am Dom."

Beim dritten Teil, „Die Visionen zum Wandel", angekommen, bearbeiten Sie nicht länger mehr in eintöniger Routine die Steine. Nein, Sie gestalten Steine, um einen Dom wachsen zu lassen, und: Sie verdienen Geld, weil Sie einen Dom wachsen lassen. Die Arbeit, die jetzt noch zu leisten ist, wird aus dem Rohbau der entwickelten Talente und formulierten Ziele eine Vision zur Realität werden lassen.

Konfrontation mit dem Ich

Wie ein Adler in den Himmel des Lebens fliegen? Selbst in der knappen Freizeit arbeiten? Das Leben betrachten, als sei es ein Dom, an dem es zu arbeiten gilt? Blödsinn! Sollten Sie so oder ähnlich denken, dann nehmen Sie jetzt einmal ein aktuelles Porträtfoto von sich und kleben es auf diese Seite.

Schauen Sie sich diesen Menschen an, der Ihnen auf dem Foto entgegenblickt. Führen Sie einen inneren Dialog mit ihm. Fragen Sie ihn, wie es um seine Gesundheit und Vitalität bestellt ist. Fragen Sie ihn nach seiner beruflichen Zufriedenheit und nach seinen Beziehungen zu anderen Menschen. Hat er das, was er sich wünscht, oder steht er noch am Anfang seiner Visionen? Wenn Sie nicht aus voller Überzeugung sagen können: „Dieser Mensch hat alles, was er erreichen kann, alles, was er braucht, um glücklich und zufrieden zu sein", dann wagen Sie es doch einfach, sich selbst besser kennenzulernen, mehr Freude, mehr Faszination, mehr Begeisterung zu entwickeln. Die Vergangenheit bewältigen Sie nur dadurch, daß Sie die Zukunft besser gestalten. Zu verlieren haben Sie schließlich nichts, dafür aber eine ganze Menge zu gewinnen.

Sich verwandeln lassen

Ein Fluß wollte durch die Wüste zum Meer. Aber als er den unermeßlichen Sand sah, wurde ihm angst, und er klagte: „Die Wüste wird mich austrocknen, und der heiße Atem der Sonne wird mich vernichten." Da hörte er eine Stimme, die sagte: „Vertraue dich der Wüste an." Aber der Fluß entgegnete: „Bin ich dann noch ich selber? Verliere ich nicht meine Identität?" Die Stimme aber antwortete: „Auf keinen Fall kannst du bleiben, was du bist." So vertraute sich der Fluß der Wüste an. Wolken sogen ihn auf und trugen ihn über die heißen Sandflächen. Als Regen wurde er am anderen Ende der Wüste wieder abgesetzt. Und aus den Wolken strömte ein Fluß, schöner und frischer als zuvor. Da freute sich der Fluß und sagte: „Jetzt bin ich wirklich ich."

Entweder man schafft den Sprung in ein faszinierendes Leben, oder man tritt zeitlebens zur Seite, sobald der Lebenserfolg nahe ist, und schiebt alles auf des Teufels liebstes Möbelstück: die lange Bank. Entscheiden Sie sich: für das Aschenbrödel der Gefühle, die Ab-und-zu-Zufriedenheit, oder für die Macht über Ihr eigenes Leben — und das ist wahrlich kein Luxus.

Bedenken Sie vorher aber eines: Jedes Lebenswerk, das nicht auf Talent gegründet ist, trägt den Keim des Todes in sich und geht seinem Ruin entgegen.

Teil A

Das potentielle Talent

1. Die Kraft der Talente

Die drei Söhne

Der Vater spürt, daß er nur noch wenige Jahre zu leben hat. Sein größter Wunsch ist es, seine drei Söhne gut versorgt zu wissen, wenn er sich für immer von dieser Welt verabschiedet. So ruft er die drei eines Tages zu sich, und da er nicht viel besitzt, kann er jedem von ihnen nicht mehr als ein besonderes Talent geben. Dann schickt er seine Söhne hinaus ins Leben, damit sie aus ihren Talenten das Beste machen. Er bittet sie nur darum, möglichst vor seinem Tod zurückzukehren, damit er sehen könne, wie sie ihr Leben gestaltet haben.

Die Zeit vergeht, und der Vater spürt, daß er wohl nun bald der Welt Lebewohl sagen muß. Und wie er es sich erbeten hatte, kehren die Söhne einer nach dem anderen zurück. Der älteste Sohn tritt blaß und verhärmt vor seinen Vater. Und auf dessen Frage, was er denn aus seinem Talent gemacht habe, erhält er zur Antwort: „Ich lebte in großer Angst, daß es mir geraubt wird. Und so habe ich es versteckt, damit es niemand erkennen kann. Das, was ich zum Leben brauchte, habe ich mir erbettelt."

Als der zweite Sohn nach Hause kommt, fragt der Vater auch ihn, was er aus seinem Talent gemacht habe. Und der Sohn, dessen Kleidung man noch die Pracht vergangener Tage ansieht, sagt: „Oh, ich habe ein wunderbares Leben geführt. Ich habe alles, was ich hatte, mit vollen Händen ausgegeben. Leider ist mir nichts mehr davon übriggeblieben."

Traurig über seine beiden Söhne, wartet der Vater nun ungeduldig auf den Jüngsten. Bald darauf fährt eine herrliche Karosse vor das Haus, gezogen von vier prächtigen Rappen. Der Alte glaubt, seinen Augen nicht zu trauen, als er in dem jungen Mann, der aus der Kutsche steigt, seinen dritten Sohn erkennt. Dieser eilt auf seinen Vater zu, umarmt ihn liebevoll und sagt: „Lieber Vater, ich bin dir von Herzen dankbar. Du hast mir die Freude und das Glück meines Lebens geschenkt. Was du mir mit auf den Weg gegeben hast, ist kostbarer als all der Besitz, den ich dadurch gewinnen konnte."

Die Faszination des Lebens

Haben nicht auch Sie irgendwann schon einmal Menschen bewundert oder gar beneidet, die etwas erreicht haben, was auch Ihnen erstrebenswert erscheint? Diese Menschen scheinen Glückskinder zu sein, ausgestattet mit besonderen Talenten, großen Fähigkeiten und einer starken Ausstrahlung. Sind solche Menschen tatsächlich Ausnahmen, sind sie durch das Schicksal außergewöhnlich begünstigt?

Nun, ich bin sicher, daß in jedem von uns weit mehr schlummert als das, womit wir uns allzu leichtfertig glauben bescheiden zu müssen. Jeder Mensch trägt in sich besondere Fähigkeiten und Begabungen – eben Talente. Denn Talent heißt nicht nur, eine besondere Begabung zu haben für die Malerei, die Musik, die Dichtkunst oder andere Dinge, die üblicherweise als Talent empfunden werden. Talent umfaßt alle menschlichen Qualitäten, gleich ob künstlerische Fähigkeiten, technisches Können, kaufmännische Begabung oder soziale Kompetenz. Und die Talente sind das, was uns hilft, mit Faszination zu leben und nicht nur „gelebt zu werden": von den Vorgaben der Gewohnheit und der Sicherheit, von den gesellschaftlichen Normen und all den Regeln, denen wir uns blind unterwerfen, ja, die wir manchmal noch nicht einmal bewußt wahrnehmen.

Leider entdeckt nicht jeder die Chance, sein Talent auch leben zu können. Vielleicht sind es sogar die wenigsten Menschen. Und wenn wir jetzt einmal die Grautöne bewußt übersehen und uns der Schwarzweißmalerei zuwenden, können wir zwei sehr verschiedene Typen erkennen.

Schauen wir uns zuerst Typ A an, den Menschen, der sein Leben aktiv gestaltet und lebt, der sich auf allen Ebenen in der kosmischen Ordnung von Erfolg und Gewinn befindet:

■ Typ A

Dieser Mensch hat seine Anlage gefunden. Er lebt sein Talent, er lebt in seiner Identität. Begeistert von dem, was er tut, weiß er, was er ist. Er weiß, was er will, wo er sich auf seinem derzeitigen Lebensweg befindet und wie er durchs Leben gehen möchte. Er empfindet seinen Beruf als Berufung, das Tun ist für ihn ein faszinierendes Abenteuer. Dem Leben vertraut er sich an und nimmt jede Stunde bewußt wahr. Ein solcher Mensch läßt sich von seiner inneren Sonne lenken und leiten. Er lebt sein Herz – er lebt den Königsweg.

Lassen Sie uns nun den Blick auf Typ B richten. Ihm muß der Slogan „Das Leben ist faszinierend" beinahe wie eine Provokation erscheinen.

■ Typ B

Hier finden wir all die Menschen, die mit dem Wind segeln, den andere gemacht haben. Abhängig von der Umwelt, ohne Selbständigkeit, fehlt ihnen die Orientierung für ihren Lebensweg. Sie haben ihr Territorium für ein faszinierendes Dasein nicht gefunden. Sie lassen sich von Dogmen irreführen und halten diese auch noch für ihre Freunde.

Oft vertuschen sie mit operativer Hektik, daß da etwas nicht stimmt. Sie geraten außer sich und nehmen sich nicht die Zeit, in sich zu gehen. Statt dessen versuchen sie fleißig, die Welt zu verändern, nicht wissend, daß zuerst das eigene Feld bestellt werden sollte, bevor die anderen an der Reihe sind.

Dieser Typ Mensch macht sich ohne Ende Sorgen. Von den 100 Prozent Sorgen gelten schätzungsweise:

▶ 40 Prozent den Dingen, die dann doch nicht passieren,
▶ 30 Prozent dem, was bereits geschehen, vorbei, nicht zu ändern ist,
▶ 15 Prozent sind höchst überflüssig, sie werden niemals eintreten,
▶ 10 Prozent gelten als Lapalien,
▶ und nur 5 Prozent sind berechtigte Sorgen.

Kein Wunder, daß Schwermut, Traurigkeit, Depressionen, Weltschmerz und lähmender Trübsinn seine Wegbegleiter sind. Er ist ein Blatt im Wind, ein Schiff ohne Steuer, gehetzt und entwurzelt. Und doch glaubt er fest daran, daß er auch ohne Erweckung seines Talentes irgendwann automatisch in den Hafen eines faszinierenden Lebens gelangen wird – bis dann mit 40 oder 50 Jahren die Illusion verlorengeht und nichts anderes bleibt, als das Beste daraus zu machen.

Das Leben ist keine Entzugserscheinung der inneren Wünsche, das Leben sollte als souveränes Einssein mit sich selber empfunden werden. Aber welcher Schlüssel ist es, der die Tür öffnet zu dem geheimen Wissen, das den einen zum Glückskind werden läßt und den anderen in den Dornröschenschlaf zwingt? Wodurch kann das potentielle Talent, die Herzensanlage geweckt werden und zur Entfaltung kommen?

Ohne in die Rolle eines kosmoplanetarischen Messias schlüpfen zu wollen, behaupte ich folgendes: Das Erwecken des eigenen Talentes, die Chance, ein Leben in Faszination zu führen, hängt davon ab, wie sehr Sie bereit sind, sich durch einen harten Prüfungsprozeß bis zu dem Punkt hinzuentwickeln, an dem Sie Ihr Talent erkennen und annehmen können. Der intensive Prozeß der in diesem Buch dargestellten Prüfungszyklen gibt Ihnen zwar die Möglichkeit, diesem Punkt näherzukommen, aber das Resultat der Prüfungen wird nicht das schlagartige Erwachen Ihrer Berufung sein. Talent können Sie nicht direkt erarbeiten, ebensowenig wie Sie den Schlaf erzwingen können.

Auch das Schlafen an sich ist nicht das Ergebnis aktiven Handelns. Sicherlich können Sie viele Dinge tun, damit Sie müde werden und der Schlaf zu Ihnen kommen kann. Aber Sie können nichts direkt dafür tun, um in den Zustand des Schlafes zu kommen, ebensowenig wie Sie etwas dafür tun können, daß Ihr potentielles Talent erwacht.

Die Chinesen sagen: Durch Nichtstun erreicht man den förderlichen Lebensweg. Der Schlaf und das Talent sind Geschenke, für die Sie nichts Direktes, Unmittelbares tun können, um sie zu erhalten. Sie werden ihrer erst dann gewahr, wenn Sie ausreichend dafür vorbereitet sind. Und dafür müssen Sie sich anstrengen. Nur die ernsthafte Auseinandersetzung mit den Prüfungen ist die Gewähr, daß Sie dieses Geschenk erhalten können. Aber wann das sein wird, das läßt sich nicht vorausberechnen.

Programme überlagern die Talente

Lassen Sie uns zurückkehren zu der Frage, wodurch das potentielle Talent entfaltet werden kann. Oder anders herum: Was hindert einen Menschen daran, die Talente zu entwickeln, die ihm sozusagen in die Wiege gelegt wurden?

Der Grund liegt in den „Programmen", die uns von Kindheit an mit auf den Weg gegeben wurden. Vielleicht waren Sie als Kind äußerst schnell mit allem, was Sie taten. Von Ihren Eltern wurden Sie jedoch stets angehalten, langsam und sorgfältig zu sein, alles gut vorzubereiten und in Ruhe durchzuführen. Ihr Talent, Dinge schnell zu erledigen, wurde durch das Programm „Langsam und sorgfältig" überlagert.

Heute erledigen Sie Ihre Aufgaben zwar sehr genau, aber ohne Begeisterung und – natürlich – wenig erfolgreich. Würden Sie Ihr eigentliches Talent wiederentdecken, stünden Ihnen ganz andere Möglichkeiten offen: Sie könnten rasch arbeiten und, da Sie es mit Begeisterung tun, gleichzeitig exzellente Ergebnisse erzielen.

Gleiches geschieht, wenn Eltern das Talent ihres Sprößlings übersehen, weil es nicht in die Richtung geht, die sie sich für ihr Kind wünschen. Wenn es ein hervorragender Chemiker werden soll, wird alles wahrgenommen und gefördert, was auch nur ansatzweise in diese Richtung deutet, die ausgeprägten künstlerischen Fähigkeiten aber werden ignoriert.

Solche und ähnliche Programme, die uns sagen, wie wir uns verhalten sollen, was erwünscht oder verboten ist, verhindern, daß ein Kind sich seinen ureigensten Anlagen und Eigenschaften entsprechend entfalten kann. Es kann sich zwangsläufig nur in die Richtung entwickeln, die ihm von seiner Umwelt als normal und erstrebenswert präsentiert wird. Und auch im späteren Leben sieht der Mensch seine Visionen und die Ziele, die ihn dort hinbringen, leider viel zu häufig durch die Brille dieser alten Programme, bleibt in einer Realität stecken, die wenig oder sogar nichts mit seinen wirklichen Begabungen zu tun hat.

Da wundert es wenig, daß viele Menschen ziel- und erfolglos durchs Leben gehen. Wie sollten sie auch optimale Leistungen erbringen, wenn sie Ziele haben, die ihren Talenten in keiner Weise entsprechen? Denn schließlich sind Ziele der Weg zu Ihren Visionen, ein Weg, der Ihr Leben funktionieren läßt. Erfolgreich kann ein Mensch nur dann sein, wenn er das, was er eigentlich sein könnte, auch ist.

Dabei ist es egal, was Sie in Ihrem Leben machen. Lieber ein fröhlicher, quietschvergnügter Sachbearbeiter, der durch seine Lachfalten jung gehalten wird, als ein Vorstand, der wie eine lustlose Schnecke durchs Leben kriecht. Nicht die Position innerhalb der Hierarchie ist Ausdruck der Lebensqualität, sondern daß man sich da wohl fühlt, wo man ist, und mit dem, was man ist.

Um diese Lebensintensität zu erreichen, können Ihnen die Prüfungen helfen. Sie sollen Sie unterstützen, wenn Sie Ihre noch schlummernden Anlagen wecken möchten. Aber denken Sie bitte daran: Nur Sie allein können Ihre individuellen Anlagen finden.

Wenn Sie spüren, daß Ihr Tun oder Ihr Empfinden nicht Ausdruck von Lebensfaszination ist, wenn Sie Routine, Limitierung, Paralyse und Langeweile empfinden, können Sie das Ruder herumwerfen. Und es spielt keine Rolle, in welcher Lebensphase Sie sich befinden. Sie können Ihr Leben jederzeit in die Hand nehmen, Sie können sich, wann immer Sie wirklich wollen, selbst erneuern. Denn das Monopol auf Lebenssinn liegt ganz allein in Ihrer Hand.

Nehmen Sie sich ein Beispiel an der Libellenlarve, die immer wieder den unwiderstehlichen Drang nach oben verspürt, um neue Luft zu schöpfen. Ein Blutegel, der sie des öfteren dabei beobachtet, äußert eines Tages sein Unverständnis darüber: „Habe ich vielleicht jemals das Befürfnis nach dem, was du Himmelsluft nennst?" „Ach", erwiderte die Libellenlarve, „ich habe nun einmal die Sehnsucht nach oben. Ich versuchte sogar schon einmal, an der Wasseroberfläche nach dem zu schauen, was darüber ist. Da sah ich einen hellen Schein, und merkwürdige Schattengestallten huschten über mich hinweg. Aber meine Augen müssen wohl nicht geeignet sein für das, was über dem Teich ist. Aber wissen möchte ich's doch!" Der Blutegel krümmte sich vor Lachen: „Oh du phantasievolle Seele, du meinst, über dem Tümpel gibt es noch etwas? Laß doch diese Illusion. Glaube mir als einem erfahrenen Mann: Ich habe den ganzen Tümpel durchschwommen. Dieser Tümpel ist die Welt — und die Welt ist ein Tümpel. Und außerhalb gibt es nichts." „Aber ich habe doch den Lichtschein gesehen und Schatten!?" „Hirngespinste! Was ich fühlen und betasten kann, das ist das Wirkliche", antwortete darauf der Blutegel. Aber es dauerte nicht lange, bis sich die Libellenlarve aus dem Wasser erhob, Flügel wuchsen ihr, goldenes Sonnenlicht und blauer Himmelsschein umspülten sie, und sie schwebte schimmernd über den niedrigen Tümpel davon.

Sehen Sie die Prüfungen wie den Entwicklungsprozeß der Larve, in der alle Anlagen, sich eines Tages als schillernde Libelle in die Luft zu erheben, vorhanden sind. Jede Prüfung gibt Ihnen eine neue Chance, Ihre Anlagen intensiv auszubauen oder aber in ihrer ursprünglichen Form zu wecken. Mögen die Veränderungen durch die Prüfungen am Anfang vielleicht auch minimal sein, sie potenzieren sich gewaltig auf der Zeitachse.

Veränderungen bringen es leider nun einmal mit sich, daß sie bisher Bestehendes durcheinanderwirbeln und einen klaren Blick verhindern. Wenn Sie in einem Aquarium Sand aufwühlen, werden Sie eine kurze Zeit nichts deutlich erkennen können. Die Fische und die Pflanzen – oder in unserem Kontext: das Potential, das Talent – sind zwar noch da, aber der Blick wird durch den aufgewirbelten Sand etwas getrübt. Auch die Prüfungen, werden sie richtig durchgearbeitet, wirbeln Staub und Sand auf. Man sieht nichts – Nebel.

Doch mit der Zeit setzt sich der Sand, und alles lichtet sich. Man sieht klar. Somit kann die Undurchsichtigkeit sogar als die Voraussetzung für die Klarheit definiert werden.

Das Samenkorn ist ein nur allzu treffender Vergleich. Es muß im Dunklen ruhen, bevor es die Chance hat, die Sonne des Lebens zu genießen. Doch schon in der dunklen Erde liegend, im Schutz seiner Hülle, hat es bereits alle Fähigkeiten, alle Potentiale, die es braucht, um zu einer Pflanze heranzuwachsen. Bevor es aber die ihm von der Natur gegebene Möglichkeit nutzt, muß es bereit sein, seine Hülle aufzubrechen. Und nun stellen Sie sich einmal vor, das Samenkorn empfände diese Veränderung als Verlust, nicht als Erweiterung seines Daseins. Es hielte an seiner alten Zustandsform fest und könnte niemals eine wunderbare Pflanze werden.

Ausgehend von dieser Metapher scheint also die Akzeptanz der Dunkelheit die erste Voraussetzung zu sein, um sein Talent zu entfalten und die Faszination des Lebens genießen zu können. Daraus folgt dann die zweite Voraussetzung: die Bereitschaft, die Dunkelheit zu verlassen. Man muß es wagen, eine Zäsur zu machen, aus der derzeitigen Lebensform auszubrechen. Nur so können Sie die Sonne des Lebens, Ihre Talente und die daraus erwachsende Faszination genießen.

Wer aber die Dunkelheit und die Verwandlung scheut, wird die fehlende Lebensfreude kompensieren. Und das Angebot in einer Welt der Äußerlichkeiten ist reichhaltig: Neben den Ablenkungen durch Video, Alkohol, Drogen oder gar Essen gibt es noch die Rechtfertigungen, die Schuldzuweisungen, die leeren Phrasen. Und begleitet von einem tiefen Seufzer können Sie von solchen Menschen häufig hören:

▶ Das nächste Mal …

▶ Es ist eben so …

▶ Was soll man tun …

▶ Man kann ja doch nichts ändern.

▶ Den anderen geht es auch nicht besser.

Das Leben dieser Menschen ist mit der Besatzung eines Schiffes vergleichbar, das durch einen Eisberg leckgeschlagen wurde. Statt die Schotten zu schließen, um weiterfahren zu können, konzentrieren sich alle auf das Loch und sehen zu, wie immer mehr Wasser hereinfließt. Und währenddessen wird gejammert, lamentiert und der für diese prekäre Situation Verantwortliche gesucht.

Sicherlich können solche Menschen nicht behaupten, sie führten ein glückliches Leben. Aber was ist eigentlich Glück, was macht gelebte Faszination aus? Hier eine Grafik, die dieses veranschaulicht.

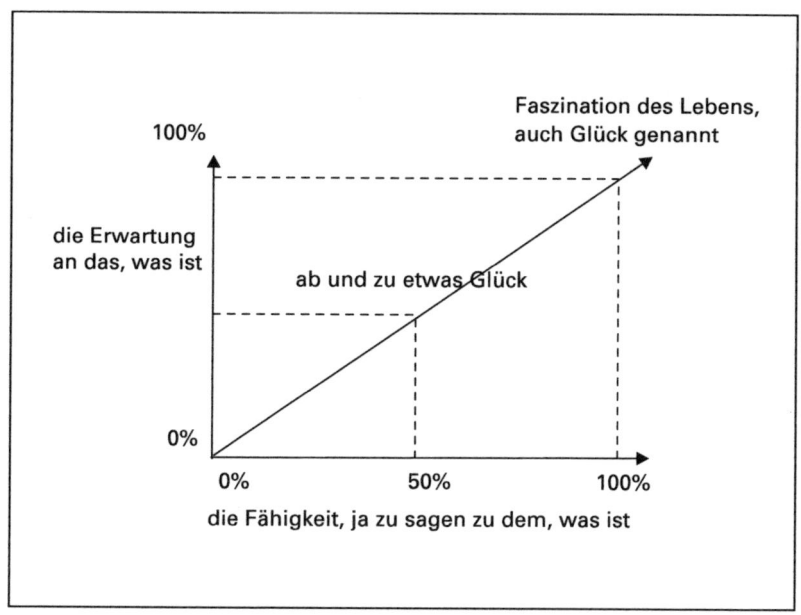

Wenn Sie zu dem, was gerade ist, ein klares und eindeutiges Ja sagen können, gleichgültig ob Sie gerade im Minus- oder im Plusbereich Ihres Lebens sind, dann leben Sie in einem Zustand des Glücks. Sie akzeptieren das, was ist, und ergehen sich nicht in unendlichen Lamentos über das, was besser, schöner, erstrebenswerter wäre. Also: Glück ist die Akzeptanz dessen, was ist. Um diese Fähigkeit aber zu haben, ist es notwendig, daß Sie Ihre Talente aufspüren. Auf der damit geschaffenen Basis können Sie Ihre Lebensvision gestalten, daraus Ziele ableiten und in Handlungen umsetzen, die dann zu den gewünschten Resultaten führen. Denn eigentlich gibt es im Leben nur zwei Dinge, die wichtig sind: Erstens das zu bekommen, was man will, und zweitens, sich daran zu erfreuen.

Das Setzen von Zielen – in der Management-Welt so heiß geliebt und inzwischen auch auf die persönlichen Bereiche übertragen – kann also nur dann eine Lösung bieten, wenn der Ausgangspunkt das eigene Talent und die daraus abgeleitete Vision ist. Keine Vision kann lebenserfüllend sein, wenn sie nur der Oberflächlichkeit fremdbestimmter, aufgedrückter Lebensprogramme entspricht.

Die Prüfungen ab Seite 51 sind der Schlüssel, der die Tür zu diesen wesentlichen Einsichten öffnen kann. Und damit öffnen Sie sich ein bisher verschlossenes Reich, können ein verzaubertes, verwunschenes Schloß entdecken, hinter dessen Mauern Sie Ihre Authentizität finden werden. Wagen Sie es, weise zu sein. Denn wer die Stunde des rechten Lebens hinausschiebt, gleicht einem Menschen, der darauf wartet, daß der Fluß versiegt, bevor er ihn überschreitet.

2. Der Schock, die Zäsur

Rites de passage

Ist es nicht so, daß manche Menschen erst nach einer Lebenskrise, einem Schockerlebnis oder einer Katastrophe den richtigen Weg zur Meisterung ihres Lebens gefunden haben und zu einer Zäsur bereit waren? Wenn Sie die Bedeutung des Wortes „Katastrophe" kennen, wissen Sie, daß eine „Wendung", eine „Umkehr" – das nämlich ist die Bedeutung des Wortes – fast zwangsläufig die Folge eines solchen, meist negativ bewerteten Erlebnisses ist.

Nun sollten Sie natürlich nicht abwarten, bis Sie durch äußere Umstände in eine Krise geraten. Wer sein Leben nicht in Zerrissenheit oder gar Depressionen verbringen will, für den ist es unverzichtbar, jetzt eine Zäsur zu setzen. Nicht in finanziellen, materiellen Bereichen, sondern in seinem Inneren, in seiner Seele. Denn Persönlichkeitsentwicklung heiß Arbeit an sich selbst, nicht Arbeit für sich selbst.

Eine Zäsur ist ein Einschnitt, sie stoppt den Fluß des bisherigen Lebens, reißt es aus dem gleichmäßigen Takt. Das klingt zuerst einmal beunruhigend. Wenn Sie sich aber vorstellen, Sie sollten ein sehr langes Gedicht vortragen und dabei tunlichst im Takt bleiben, würden Ihre Zuhörer sich nach kurzer Zeit wohl gelangweilt von Ihnen abwenden. Wenn Sie das Gedicht jedoch so vortragen, daß es einen Rhythmus bekommt, also sprachlich gestaltet wird, dann wird es erfüllt mit Leben. Lange und kurze Silben, betonte und unbetonte Wörter, Sprechpausen – das sind die Mittel, die Zäsuren, mit denen Sie den gleichmäßigen Takt unterbrechen. Erst der Rhythmus holt Ihren Vortrag aus der Monotonie, macht ihn lebendig. Wenn Sie sich also ein Leben ohne Eintönigkeit und Langeweile wünschen, wenn Sie aus der ewig gleichen Kontinuität herauskommen wollen, dann müssen Sie Ihrem Leben einen Rhythmus geben. Und dazu brauchen Sie Zäsuren.

Nichts anderes als eine Zäsur, eine Unterbrechung des bisherigen Lebens, sind alte, teilweise noch heute gültige Initiationsriten mancher Völker. Diese Übergangsriten, die „Rites de passage", markieren den Beginn eines neuen Lebensabschnitts. Der junge Mensch erfährt eine

Zäsur, er wird aus dem Gleichmaß seines gewohnten Umfeldes genommen. Prüfungen warten auf ihn, er muß Rituale vollziehen, manchmal auch Schmerzen erleiden. Aber erst dadurch wird es ihm möglich, Abschied von der Kindheit zu nehmen und die Welt der Erwachsenen zu betreten.

In unserer Gesellschaft, die wir als hochkultiviert bezeichnen, ist das Erwachsensein eine kontinuierliche Fortsetzung der Kindheit und Jugend. Oder wissen Sie, woran Sie festmachen können, daß Sie erwachsen geworden sind? Sicher, unser Staat hat ein Alter festgeschrieben, ab dem man als erwachsen gilt. Aber ob das reicht? Noch nicht. Und ebensowenig reicht es, daß man die Schule beendet, einen Beruf erlernt oder ein Studium absolviert hat.

Uns fehlen einfach die bei Naturvölkern oder von alten Kulturen sehr ernstgenommenen Übergangsriten. Uns fehlen die Zäsuren, die unserem Leben einen neuen Rhythmus geben. Das kann natürlich nicht innerhalb von wenigen Stunden passieren und schon gar nicht dadurch, daß Sie nur im Kopf entscheiden, Ihrem Leben eine Wandlung zu geben. Nicht ohne Grund dauerten Initiationsriten mehrere Monate bis zu fast einem Jahr.

Diese Zeit galt als ein Aufstieg in das Reich der Erkenntnis, einer „Königsweihe" vergleichbar. Eine Folge einschneidender Erlebnisse, ausgefüllt mit Dramatik und feierlichen Ritualen, führten den Erwachsenen in spe auf ein neues Lebensniveau und bereiteten ihn auf einen neuen Lebensabschnitt vor, mit all den dazugehörenden Pflichten und Aufgaben.

Der längere Aufenthalt an bestimmten Orten, Schlafentzug, Schweigen, symbolische Tötung des alten Körpers und sogar körperliche Verletzungen waren die Mittel, die ein Trennen, Reinigen, Zusammenführen ermöglichten. Gleichzeitig erfuhr der Mensch aber auch geistige Unterweisungen, wurde in Geheimnisse eingeweiht, die nur den Erwachsenen vertraut waren, mußte sich immer wieder beweisen und überwand damit den sehr beängstigenden Übergang vom Nicht-Erwachsenen zum Erwachsenen.

Diese Übergangsriten, eine künstliche Zäsur, eine gezielte Unterbrechung, führten fast immer zu einem Loslassen der alten Welt, auch zu einem Lösen von den Eltern und deren Programmen. Diese künstliche Zäsur im Verlauf des bisherigen Lebens war ein Reise zum Herzen, eine Zeit des Nachdenkens über sich selbst, eine Chance, sich auf das Notwendige zu besinnen, unabhängig von Herkunft oder Beziehung zur Außenwelt. Es war der Rückzug zum Anfang, eine zweite Geburt.

Nun darf man sich wirklich einmal die Frage stellen, warum die Urvölker mit ihren durchaus sinnvollen Ritualen als primitiv bezeichnet werden. Ist es nicht viel primitiver, auf diese Riten zu verzichten und darauf zu hoffen, daß sich der Übergang von allein ergäbe, und wenn nicht, dann habe man Pech gehabt? Uns Heutigen fehlt das hohe Bewußtsein für diesen Entwicklungsschritt, uns fehlen die Rituale. Ging man früher noch auf Wanderschaft, um die Welt zu erleben, Neues zu erfahren, sich selbst und seine Möglichkeiten kennenzulernen, haben wir heute dafür keine Zeit. Aus Zeitmangel wird die wichtigste Phase unseres Lebens, nämlich unser Selbst zu finden, schlicht und ergreifend übersehen.

Wie wollen Sie Ihrem so schön gestalteten, aber zum Teil leider verfälschten Ich die Maske herunternehmen, um das darunter verborgene authentische Ich zu finden? Wie wollen Sie diese unsichtbare innere Welt erkennen und die faszinierende Einzigartigkeit des Erwachsenseins spüren? In unserem Verständnis heißt Erwachsensein sein wirkliches Talent zu leben. Und mit 40 sollte man schon so weit sein. Denn sonst besteht die Gefahr, daß man in der Gewöhnung versinkt und sein Talent niemals erwischt. Der Rest des Lebens wäre dann der Methode „Weihnachtsmann" gewidmet: Je glänzender die Verpackung, desto bescheidener der Inhalt.

Erst als Erwachsener, als wirklich Erwachsener, können Sie Ihrer menschlichen Größe gewahr werden und sie leben. Solange Sie Kind sind, und Kind steht hier für ein Leben mit den von anderen vorgegebenen Programmen, können Sie Ihren eigenen Erfahrungen nicht vertrauen, Ihre individuellen Vorstellungen nicht leben.

Vielleicht stehen Sie jetzt vor einem beängstigenden Übergang, je nachdem, wie sehr Sie bereit sind, Ihr Leben zu verändern und dadurch sich selbst näherzukommen. Leider können sich wohl die wenigsten von uns ein Jahr Auszeit gönnen, um sich mit sich selbst und dem Übergang zu beschäftigen. Und auch die „gute alte Zeit" mit ihren Lehr- und Wanderjahren gibt es nicht mehr. Wie also können Sie diesen Übergang gestalten?

Nun, es ist nicht unbedingt nötig, daß Sie sich in die Abgeschiedenheit begeben oder sich gar Verletzungen zufügen. Aber die Beschäftigung mit sich selbst, mit den eigenen Zielen und Visionen mag für manche doch seelischen Schmerz bedeuten. Und viele Stunden der Übergangszeit werden Sie mit sich allein verbringen müssen. Insofern können Sie die Prüfungen als Rites de passage, als eine Selbsterfahrung mit dem Charakter der Selbstinitiierung betrachten.

3. Erwachsen werden

Erwachsen zu sein heißt, für die eigenen Standpunkte die Verantwortung zu übernehmen. Erwachsen zu sein heißt aber auch, das eigene Potential durch das Finden seines Talentes umzusetzen, das eigene Ich, den Wesenskern, zu erkennen. Denn erst daraus kann die Fähigkeit erwachsen, tatsächlich die Verantwortung zu übernehmen.

Wer ist es denn, der Ihnen im entscheidenden Moment wie eine unsichtbare Spukgestalt warnend zuflüstert: Laß das ..., das geht nicht ..., das kannst du nicht ..., dafür bist du nicht klug genug ..., das traust du dir niemals zu ...? Nein, nicht Sie selbst sind es, der diese Gedanken hervorbringt. Es ist das Gespenst Ihrer Vergangenheit.

Mit dem ersten Atemzug tauchten Sie ein in die Welt der Fremdbestimmung. Das mochte in der ersten Lebensphase zum großen Teil recht angenehm sein. Denn es war immer jemand da, der Sie beschützte, tröstete, vor Gefahren warnte, zu manchen Dingen ermunterte, und bei artigem Verhalten wurden Sie gelobt und bestätigt.

Die Kehrseite aber ist, daß jede Warnung, jede Bestätigung, Ermunterung und jedes Lob die Programme gestaltete, die Sie zum großen Teil auch heute noch in Ihrem Kopf haben.

Sie kennen doch sicher das „schöne Händchen", das wir den lieben Mitmenschen zur Begrüßung reichen. Das entspricht zwar den gesellschaftlichen Umgangsformen, ist für linkshändige Kinder aber äußerst schwer umzusetzen. Wenn so ein kleines Menschenkind reflexartig dann doch immer wieder die linke Hand zum Gruß hinhält, gibt's vielleicht auch schon mal einen Klaps. Aber wenn dann endlich das fremdbestimmte Programm „Rechte Hand zum Gruß reichen" sitzt, dann wird es bestätigt und gelobt, obwohl dieses Programm nicht seiner Individualität entspricht. Das ist zwar ein harmloses fremdbestimmtes Programm, aber stellen Sie sich einmal vor, Ihnen sei ebenso penetrant eingeimpft worden, Menschen mit schwarzen Haaren seien höchst gefährlich!

Die unbewußte Übernahme vorgegebener Programme kann nicht nur gefährlich sein, sie macht auch hilflos und unfähig, auf eigenen Füßen zu stehen: Der Mann, der wieder zu seinen Eltern zieht, wenn seine Frau ihn verläßt; die Tochter, die noch mit 30 Jahren täglich ihre Mutter aus dem Urlaub anruft, nur um zu fragen, wie es denn so zu Hause aussieht … Schauen Sie sich um in Ihrem Freundes- und Bekanntenkreis, Sie werden genügend Beispiele dafür finden, wie abhängig die Übernahme der Elterprogramme machen kann. Egal, wo diese Leute in der Zukunft ankommen werden, ihre Vergangenheit wird sie schon grinsend erwarten. Sie verharren in der Heimat ihrer Gewohnheiten: der Vergangenheit.

Doch natürlich sind es nicht nur die ersten Lebensjahre, während derer wir von den Eltern geprägt werden. Es folgen die Lehrer, die Ausbilder, die Professoren, die Chefs. Aber auch Freunde, Bekannte, Kollegen. Jeder sagt uns, was richtig sei. Wir werden unser Leben lang vollgestopft mit Informationen, wie wir uns zu verhalten haben, was wir denken und glauben sollten. Wir werden geformt nach dem Bild derjenigen, mit denen wir zu tun haben. Wir werden erzogen, programmiert. Wie soll da ein Mensch wissen, wer er ist und was er will? Wehe dem, der sich nicht selbst gefunden hat! Er versinkt in dem Morast der Fremdbestimmung. Er hat gar keine Chance, durch eigene Erfahrungen sich selbst zu finden. Denn all die warnenden Stimmen in seinem Kopf sagen ihm, was er zu tun, denken, glauben habe. Ein solcher Mensch lebt in einer illusorischen Identität, in der er sich fremd und unglücklich fühlt und nicht mehr sein kann als ein ohnmächtiger Beobachter seiner eigenen Vergangenheit.

Kein Mensch kann einem anderen dessen wahre Identität geben. Und wenn keine Chance kommt, sie zu finden, das eigene Potential auszuschöpfen, bleibt die Abhängigkeit von den alten Programmen. Die Quintessenz: Wenn das Eigene nicht gefunden wird, ist der Mensch uneinig mit sich selber. Doch schnell wird dieser Unglückliche seinen Feind finden: das Schicksal. Und mit dem gilt es dann zu hadern.

Alte Programme, überholte Lebenseinstellungen vertragen sich nicht mit dem schlafenden Talent, dem wahren Lebenstraum und Lebensraum. Wer sich nicht selbst gefunden hat, dem können auch die schönsten, nach außen dokumentierten Erfolge im Beruf oder die größten Vermögenserrungenschaften nur ein schales Gefühl vermitteln. Die Faszination des Lebens aber wird ihm nicht geschenkt.

In welcher Lebensphase Sie sich jetzt auch befinden mögen, Sie können sich selber finden, Sie können Ihre potentiellen Talente wecken, die in der Kindheit und im Verlauf des späteren Lebens gespeicherten Lebensanweisungen verlassen. Im Klartext: Sie können sich von der Fremdbestimmung lösen und eintreten in das beglückende Reich der Eigenbestimmung. Sie können selber Ursache ihres Lebens werden, Ihre eigenen Programme gestalten. Sie können zum zweiten Mal geboren werden und Ihr Leben nach dieser zweiten Geburt selbst gestalten. Sie können endlich das eigene Selbst finden.

Aber Sie müssen sich von Ihren Eltern, Ihren Lehrern, von all den Menschen lösen, die Ihre Standpunkte bestimmt haben. Denn die Herkunft des Menschen liegt weder in der Vergangenheit noch in der Zukunft. Die Herkunft liegt in der Identität, die sich gestaltet aus den Potentialen, den Talenten, die wir in uns tragen. Sie sind erst dann wirklich erwachsen, wenn Sie weder Echo der Herde noch Erfüllungsgehilfe der Elternprogramme sind.

Das heißt natürlich nicht, die Eltern nie mehr wiederzusehen, sich von Menschen zu trennen, die man liebgewonnen hat, oder den Job zu kündigen, um den Kreis der Kollegen zu verlassen. Gemeint ist hier ein geistiges und seelisches Lösen.

Und sollte dann der Moment kommen, in dem Sie sich einsam fühlen, verwirrt oder verzweifelt, der Moment, in dem Sie merken, daß Ihre Beziehungen, welcher Art auch immer sie sein mögen, eher eine Farce als aufrichtige zwischenmenschliche Bindung sind, denken Sie an das vorher erwähnte Aquarium: Der Sand wird sich setzen, die Dunkelheit wird sich lichten. Der Aufbruch zu den Horizonten des eigenen Lebens beendet die rastlose Suche nach der Zufriedenheit in den falschen Revieren der Außenwelt.

Die Würde des erwachsenen Menschen ist keine Bringschuld, sie ist eine Holschuld. Sie sollten nicht länger die Fesseln der alten Programme dulden. Machen Sie also einen Stopp, setzen Sie eine Zäsur und begeben Sie sich auf die verheißungsvolle Wanderschaft zu Ihrem eigenen Ich, um den Ihnen gebührenden Raum für das eigene Leben zu finden.

Die eigenen inneren Räume entdecken, die Seele frei werden lassen, einem faszinierenden Leben Raum geben, all das ist möglich mit Hilfe der 49 Prüfungen dieses Buches. Sie sind und werden immer mehr Ihr eigener Helfer und brauchen nicht wie in der ersten Lebenshälfte die anderen Helfer. Sie lernen durch eigene Erfahrungen und Erkenntnisse sich selbst und das, was nützt oder nicht nützt, zu erkennen. Sie werden zum Regisseur, Schöpfer und Akteur Ihres Lebens.

Das Frosch-zu-Prinz-Wunder

Es mag Sie vielleicht erstaunen, daß ich in diesem Kapitel Märchen, Mythen und Sagen näher beleuchte. Aber Geschichten erzählen sehr anschaulich von den Schritten des Erwachsenwerdens, von dem Schock, zu sich selbst, zu seiner Identität zu finden.

Die Strukturen all dieser Erzählungen sind immer wieder vergleichbar: In der ersten Lebensphase ist der Held der Geschichte angewiesen auf vermeintliche Helfer, die ihm das Überleben ermöglichen oder ihn in entsprechenden Überlebensprogrammen unterweisen. Danach erlebt der Held eines Phase des Aufwachens durch eigenes Nachdenken. Er wird entzaubert. Und entzaubert heißt hier, er findet zu sich selbst, er wird aus einem Dornröschenschlaf erweckt durch den Kampf mit bösen Mächten. Seien es Hexen, Zauberer oder Drachen, sie stehen als symbolische Figuren für die Auseinandersetzung mit den Fremdbestimmungen, den alten Programmen. Sie gilt es zu bekämpfen und zu besiegen. Erst dann ist der Held frei von äußeren Einflüssen und hat seine wahre Identität gefunden. Erst jetzt ist er nicht mehr auf die Hilfe von außen angewiesen, sondern fähig, sich selbst zu helfen.

Sie sind der Held in dem Märchen, das da Leben heißt. Und auch Sie haben Drachen, Hexen oder Zauberer zu bekämpfen: die von anderen übernommenen Programme Ihres bisherigen Lebens. Die Dramatik dieses Kampfes, dieser zu bestehenden Prüfungen, bleibt keinem erspart, wenn er sein Potential leben möchte. Denn nur dann, wenn das alte überwunden und besiegt ist, haben Sie die Macht über Ihr eigenes Leben, können Ihre Fähigkeiten und Talente leben.

Ich nehme einmal an, daß einige von Ihnen sich schon lange nicht mehr mit Märchen beschäftigt haben, und deshalb möchte ich exemplarisch für viele andere das Märchen „Der Teufel mit den drei goldenen Haaren" nacherzählen.

Der Teufel mit den drei goldenen Haaren

Dem Sohn armer Leute wurde bei seiner Geburt geweissagt, er werde im 14. Lebensjahr die Tochter des Königs zur Frau bekommen. Der König erfuhr von dieser Weissagung, ärgerte sich sehr darüber und ging unerkannt zu den Eltern des Kindes, um sie davon zu überzeugen, daß sie ihm den Sohn überlassen sollten. Und weil er ihnen viel Geld dafür bot, dachten sie sich, der Junge werde künftig ein gutes Leben haben und gaben ihn schweren Herzens dem reichen Mann. Natürlich nahm der König den Jungen nicht mit sich, sondern legte ihn in eine Schachtel, um ihn in tiefem Wasser zu ertränken. Doch die Schachtel schwamm wie ein Schiffchen auf dem Wasser, und kein Tropfen drang in sie hinein. An dem Wehr einer Mühle blieb die Schachtel hängen, und die Müllersleute nahmen den Jungen mit Freuden bei sich auf, denn sie hatten sich immer sehnlichst ein Kind gewünscht. So wuchs der Knabe wohlbehalten auf.

Nach vielen Jahren geschah es, daß der König bei den Müllersleuten Zuflucht vor einem schweren Unwetter suchte. Er fragte nach diesem und jenem, und im Verlauf der Unterhaltung erfuhr er, daß der Junge nicht das eigene Kind war, sondern vor 14 Jahren in einer Schachtel liegend aus dem Wasser gerettet worden sei. Der König erkannte sofort, daß es sich nur um das Kind handeln konnte, das er ins Wasser geworfen hatte. Und wieder versuchte er, dessen Leben ein Ende zu setzen: Er bat die Müllersleute, den Jungen zur Königin zu schicken, um ihr einen Brief zu übergeben. Und weil er der König war und ihnen außerdem etwas Geld gab, willigten sie ein. Der König schrieb eilends den Brief mit dem Inhalt, der Junge solle sofort getötet werden, wenn er mit diesem Schreiben angekommen sei.

Der Knabe machte sich auf den Weg, verirrte sich abends aber in einem großen Wald. Das Licht eines kleines Häuschens lockte ihn an, und er trat ein. Die alte Frau, die dort allein saß, fragte ihn, woher er komme und wohin er wolle. Und so erfuhr sie, daß der Knabe von der Mühle kam und zur Königin wolle, um ihr einen Brief des Königs zu überreichen. Nun stellte sich aber heraus, daß er in ein Räuberhaus geraten war und sein Leben auf dem Spiel stand. Der Junge war jedoch so müde, daß er sich unerschrocken niederlegte, und bald darauf einschlief. Kurz darauf kamen die Räuber zurück und fragten zornig die alte Frau, wer dieser Junge sei. Die Alte nahm ihn in Schutz und erzählte von dem Brief an die Königin, den er bei sich trug.

Neugierig nahmen die Räuber den Brief, lasen ihn, und trotz ihrer bösen Herzen empfanden sie Mitleid. So schrieben sie in einem neuen Brief, der Junge solle bei seiner Ankunft sofort mit der Königstochter vermählt werden. Am Morgen wachte der Junge auf und machte sich mit dem gefälschten Brief unverzüglich auf den Weg zur Königin. Die tat wie ihr befohlen und gab ihm ihre Tochter zur Frau. Und weil er hübsch anzusehen und recht freundlich war, lebten die beiden glücklich miteinander.

Natürlich war die Wut des Königs groß, als er nach längerer Zeit heimkehrte. Doch die Königin reichte ihm den Brief, den er angeblich selbst geschrieben hatte. Zornig überlegte der König, wie er den Jungen wohl endgültig loswerden konnte. Und so schickte er ihn fort, drei goldene Haare vom Haupte des Teufels zu holen.

Dem Wunsch des Königs konnte der Junge sich nicht widersetzen. Also machte er sich auf den Weg und kam bald zu einer großen Stadt. Die Wächter an den Toren fragten ihn, welches Gewerbe er ausübe und was er wüßte. Keck antwortete er: „Ich weiß alles." Darauf wollten die Wächter von ihm wissen, warum der Marktbrunnen, aus dem sonst Wein quoll, nicht einmal mehr Wasser gäbe. Sie erhielten zur Antwort: „Wenn ich wiederkomme, sollt ihr es erfahren." Er ging weiter und kam zu einer anderen Stadt. Und auch deren Wächtern sagte er auf ihre Frage hin, er wisse alles. Und auf ihre Bitte, ihnen zu sagen, warum ein Baum in dieser Stadt, der sonst goldene Äpfel trug, jetzt nicht einmal mehr Blätter hervortrieb, erhielten auch sie die Antwort: „Das sollt ihr erfahren, wenn ich wiederkomme." Dann kam der Junge an ein großes Wasser. Auch den Fährmann, der ihn hinübersetzte, ließ er wissen, daß er alles wisse. Daraufhin wollte der Fährmann wissen, warum er hin und her fahren muß und niemals abgelöst werde. Auch ihm versprach der Junge, daß er es ihm sagen werde, wenn er zurückkomme.

Bald darauf kam er zum Eingang der Hölle und fand dort bei seinem Eintreten die Ellermutter des Teufels vor, die ihn gar nicht böse fragte, was er in der Hölle wolle. Wahrheitsgemäß antwortete der Junge, daß er in den Besitz von drei goldenen Haaren des Teufels kommen müsse, sonst könne er seine Frau nicht behalten. Die Alte wollte ihm helfen, verwandelte ihn in eine Ameise und ließ ihn in ihre Rockfalten kriechen. Vorher versprach sie ihm aber noch, daß er die Antwort auf die Fragen der Stadtwächter und des Fährmanns erhalten werde. Der Teufel kam am Abend nach Hause und glaubte, Menschenfleisch zu riechen, ließ sich aber von seiner Ellermutter beruhigen. Er aß sein Abendbrot, legte anschließend seinen Kopf in ihren Schoß und bat sie, ihn ein wenig zu lausen. Dabei schlief er ein, so daß sie ihm eines der goldenen Haare ausreißen konnte. Der Teufel erwachte dadurch, aber sie entschuldigte sich mit einem schweren Traum von einem Marktbrunnen, der vollkommen versiegt sei, obwohl früher Wein aus ihm gequollen sei. „Nun ja", meinte der Teufel, „wenn die Kröte, die unter einem Stein im Brunnen sitzt, getötet wird, wird der Wein schon wieder fließen." Dann schlief er wieder ein. Und wieder riß sie ihm ein Haar aus, und wieder entschuldigte sie sich mit einem schweren Traum. Diesmal war es ein Obstbaum, den nicht einmal mehr Laub schmückt, obwohl er früher goldene Äpfel getragen hat. Auch jetzt kannte der Teufel die Ursache: An den Wurzeln nagt eine Maus. Wenn die getötet wird, trägt der Baum wieder goldene Früchte. Danach schlief er wieder ein, erwachte aber sofort, als ihm die Ellermutter das dritte Haar ausriß. Und so erfuhr der Junge, daß der Fährmann demjenigen die Stange in die Hand geben muß, der sich hinüberfahren lassen will. Dann würde er frei sein.

Am Morgen verließ der Teufel die Hölle, der Junge erhielt seine menschliche Gestalt zurück und bekam die drei goldenen Haare. Eilends machte er sich auf den Weg nach Hause. Vom Fährmann ließ er sich erst über das große Wasser setzen, bevor er ihm sagte, wie er frei werden könne. Und auch den Stadtwächtern sagte er das, was er vom Teufel gehört hatte. Zum Dank erhielt er vier mit Gold beladene Esel. So kehrte er zurück und übergab dem König die drei goldenen Haare des Teufels. Als dieser nun den mit Gold beladenen Esel sah, wollte er natürlich wissen, woher das viele Gold sei und ob er sich auch etwas davon holen könne. Der Junge sagte ihm, er brauche nur zu dem Fluß zu gehen und sich von dem Fährmann hinüberfahren zu lassen. Der habgierige König ließ sich das nicht zweimal sagen. Und so kam es, daß der Fährmann befreit wurde und der König wohl sein Leben lang als Strafe für seine Sünden die Ruderstange in der Hand halten wird.

Der Held dieser Geschichte ist vor den Prüfungen unfähig, seine eigenen Probleme zu lösen, die dargestellt werden von dem Baum, der keine goldenen Früchte mehr trägt, von dem Brunnen, der keinen Wein mehr spendet, und von dem Fährmann, der nicht aufhören kann, hin und her zu fahren. Erst in der Hölle findet er die Lösung dieser Probleme, kann sich aus der Fremdbestimmung durch die alten Programme lösen. Jetzt ist er wirklich frei, das ihm gebührende Leben zu führen.

Ebenso ließen sich unzählige andere Beispiele in alten Überlieferungen finden:

▶ Jasons Argonautenfahrt, um das Goldene Vlies zu holen,

▶ Parzivals Entwicklung vom naiven Unwissenden zum Gralskönig,

▶ Gilgamesch, Herrscher von Uruk, der unzählige Leiden erfahren und innere Zerrissenheit kennenlernen mußte, bevor er sein Lebensziel, das ewige Leben, erlangte.

Sie alle mußten viele Gefahren überwinden, bevor sie das eigene Königreich, das Lebensglück, finden durften und in den Besitz ihrer Lebenschätze kamen. Talente, Ziele und Visionen sind die wertvollsten Lebensschätze, die ein Mensch gewinnen kann. Doch leider werden sie auch heute noch bewacht von gefährlichen Drachen, von bösen Hexen und Zauberern, von garstigen Dämonen oder Teufeln. Doch diese uns übel gesonnenen Kräfte sind nichts anderes als die Finsternis, die Unwissenheit, die Bewußtlosigkeit, die Müdigkeit in unseren Köpfen, die wie bösartige Wächter das Tor zu den Talenten bewachen.

Und so muß auch in unserer ach so aufgeklärten Welt immer noch ein Kampf stattfinden, Gefahren müssen bestanden und Feinde besiegt werden. Und glauben Sie mir: Es gibt keine bedrohlicheren Feinde als Lebensprogramme und Glaubenssätze, die nichts mit dem eigenen Ich zu tun haben. Doch denken Sie daran: Nur aus der Dunkelheit heraus kann man das Licht sehen. Nur die Gefahr erweckt aus dem Dornröschenschlaf, rüttelt das Potential wach, entzaubert das Verzauberte.

4. Visionen sind Leuchtfeuer

Vor fast 50 Jahren lebte in Südamerika ein Mann, der seit dem Tod seiner Frau ganz allein die kleine Farm bewirtschaften mußte. Viel warf sie nicht ab, das Land war karg. Und so reichte es gerade, ihn und seine drei kleinen Kinder zu ernähren. Helfen konnten ihm die drei noch nicht, und er hatte auch nicht genügend Zeit, sich um sie zu kümmern. So beschäftigten sich die Kleinen die meiste Zeit des Tages damit, immer wieder neue Spiele zu erfinden. Natürlich besaßen sie kein richtiges Spielzeug, aber eine Anzahl verschiedener Steine, die der Vater irgendwann einmal von einem entfernten Verwandten vererbt bekommen hatte, regte sie zu immer wieder neuen Spielen an. Obwohl die Armut täglich neue Probleme mit sich brachte, waren die vier doch glücklich und zufrieden miteinander. An einem heißen Sommertag saßen die Kinder wieder einmal vor dem Haus und spielten mit den Steinen. Manche funkelten im Sonnenlicht, andere sahen eher grau und trübe aus, und wieder andere hatten so bizarre Formen, daß die Phantasie der Kinder keine Grenzen fand. Zufällig kam an diesem Tag ein junger Wanderer vorbei, der um ein Glas Wasser bat und sich dazu bewegen ließ, etwas über die Länder zu berichten, die er auf seiner Wanderschaft gesehen hatte. Und während er die Schönheit fremder Landschaften schilderte und von vielen abenteuerlichen Erlebnisse erzählte, griff er zu einem der Steine und hielt ihn gegen das Sonnenlicht. Schlagartig verstummte er, nahm einen anderen Stein in die Hand, und dann einen nach dem anderen. Schweigend sah er erst den Vater, dann die Kinder an und fragte: „Wißt ihr eigentlich, was das ist?" „Oh, ganz nett, diese Steinchen, nicht wahr?" antwortete der Vater, „ich habe sie einmal geschenkt bekommen, und meine Kinder lieben sie über alles wegen ihrer wunderschönen Farben und Formen." Darauf fragte der Wanderer erstaunt: „Wißt ihr wirklich nicht, daß es kostbare Edelsteine sind?"

Wenn wir jetzt die Illusionen der Märchenwelt verlassen und in die rauhe Wirklichkeit zurückkehren, werden Sie sich wahrscheinlich fragen, was diese Geschichte eigentlich soll. Diese Geschichte will nichts anders, als Ihnen verdeutlichen, daß jeder Mensch „Steine" in sich trägt, mit denen er hin und wieder spielt, hübsche Dinge daraus zusammenbaut, aber niemals entdeckt, daß er „Edelsteine" besitzt.

Erwarten Sie jetzt bitte nicht, daß irgend jemand auf Sie zukommt und Ihre Steine in Edelsteine transformiert. Die Arbeit kann Ihnen niemand abnehmen. Und seien Sie versichert, es ist kostet enorme Arbeit und Kraft, sein Leben so zu ändern, daß Sie Edelsteine statt der Steine in den Händen halten.

„Edelsteine" werden Sie erst besitzen, wenn Sie Ihre Potentiale entdeckt haben, Ihre Talente nutzen können und die Visionen entwickelt haben, die Ihnen wie ein Leuchtfeuer den Weg weisen und dabei helfen, die für Sie richtigen Ziele zu erkennen. Eine Vision befördert Sie auf einen hohen Aussichtspunkt, von dem aus Sie das Labyrinth der Möglichkeiten überblicken und den richtigen Weg wählen können. Visionen sind wie der Kompaß auf dem Weg zur Eigenbefreiung.

Der Haustürschlüssel

Klagend und jammernd stand ein Mann am späten Abend vor seinem Haus. Auf die besorgte Frage der Nachbarn, was denn geschehen sei, erklärte er ihnen, er habe irgendwo auf dem Weg seinen Haustürschlüssel verloren und müsse wohl die Nacht draußen verbringen, wenn er ihn nicht wiederfände. Sofort eilten sie dem armen Mann zu Hilfe. Nach einiger Zeit intensiver Suche selbst in den Vorgärten der benachbarten Häuser bemerken sie aber, daß der Mann sich nur im Umkreis der einzigen dort stehenden Laterne bewegte. Verwundert fragten sie ihn, warum er denn nicht woanders nachsähe, schließlich könnte er den Schlüssel doch auch woanders verloren haben. Sie erhielten zur Antwort: „Aber hier ist doch Licht!"

Suchen Sie Ihre Talente und Visionen nicht nur dort, wo Sie aus Ihrer derzeitigen Sicht etwas sehen zu können. Beides liegt oft noch im Dunkeln. Je weiter Sie den Radius Ihrer Suche setzen, um so mehr vergrößern Sie die Dimension Ihres Seins und erzeugen damit ein Wachstumsklima für Faszination im Leben.

Auch hier ist die Aufgabe der Prüfungszyklen: sich diese Vision, abgeleitet aus den gefundenen Talenten, zu erarbeiten, sie immer klarer zu erkennen. Je klarer die Vision ist, um so näher sind Sie ihr gekommen und um so deutlicher können Sie die Richtung Ihres

Weges bestimmen. Wenn Ihr Lebens-Fokus, Ihre Vision, nicht stimmt, suchen Sie an der falschen Stelle. Sie bewegen sich zwar auch – aber leider in die falsche Richtung.

Visionen erzeugen Spannung

Wenn Sie sich aufmachen, den Weg zu Ihren Visionen zu gehen, und sich Ziele setzen, von denen Sie glauben, daß sie dort hinführen, werden Sie vermutlich oft eine innere Spannung wahrnehmen. Visionen erzeugen nun einmal Erregungs- und Spannungszustände, versetzen Sie aber auch in Ressource-Zustände.

Immer dann, wenn Sie etwas bisher nicht Bekanntes, etwas Ungewohntes tun müssen, werden Sie diese Spannung spüren. Spannung kann anregend, motivierend sein, aber sie kann auch Streß und Angst hervorrufen.

Nehmen Sie einmal ein einfaches Haushaltsgummi, legen es um einen Finger und lassen es herunterhängen. Dabei stellen Sie sich vor, der Finger seien Sie selbst und das Haushaltsgummi sei Ihr Lebensfeld mit allem, was Sie kennen, was Ihnen vertraut ist und Sicherheit bietet. Und jetzt greift ein Finger der anderen Hand in dieses Gummiband und zieht es in eine Richtung, so daß es straff gespannt, kurz vor dem Zerreißen ist. Dieser zweite Finger ist Ihre Unzufriedenheit, die irgendwo hindrängt, irgend etwas verändern will. Solange beide Finger in diesem Gummiring sind, gibt es nur zwei Möglichkeiten: Entweder zerreißt das Gummi tatsächlich, weil die Spannung unerträglich wird. Oder Sie unterdrücken Ihre Unzufriedenheit aus Angst, das Gummi könnte zerreißen, verringern die Spannung und befinden sich wieder in einem schlaffen Haushaltsgummi. Beide Alternativen sind wohl nicht förderlich für das Weiterkommen. Was also ist zu tun? Ganz einfach: Erarbeiten Sie sich eine bewußte Vision und planen Sie faszinierende Ziele. Damit geraten Sie in eine Spannung, die nicht in Angst und Schrecken versetzt, sondern nach Ressourcen und Lösungsmöglichkeiten sucht. Lassen Sie die Spannung zu, und machen Sie sich klar, daß es jetzt an der Zeit ist, das „Gummiband", die Unzufriedenheit und die vertraute Umgebung zurückzulassen und sich in den großen Bereich außerhalb des „Gummibandes" zu begeben. Nutzen Sie die Kraft der Spannung für Ihren Sprung in das Neue, Unbekannte!

Aus dem Chaos zur Klarheit

Sind Sie mit dem zufrieden, was Sie haben, und freuen Sie sich auf das, was Sie haben werden? Beides ist die Voraussetzung für gestaltendes Leben. Wenn Sie etwas erreicht haben, wird es immer wieder neu zu Erreichendes geben. Doch wenn die Vision unklar ist, ist dies zu vergleichen mit einem schlaffen Band. Sie werden zu nichts gezogen, entwickeln keine Kraft.

Noch gravierender ist die fehlende oder die fremdbestimmte, nicht aus dem eigenen Talent abgeleitete Vision: ein limitierender, frustrierender Lebensweg, der sich irgendwann im Nichts verliert.

Aber auch wenn Sie eine klare Vision aufgebaut haben und sich entscheiden, den Weg dorthin zu beschreiten, werden Sie die gewohnte Ordnung verlassen müssen. Und dann finden Sie sich nicht sofort in einer neu geordneten Welt, sondern geraten erst einmal in ein inneres Chaos, in einen unsicheren Übergangsbereich, in dem intensives Nachdenken und das Schaffen einer neuen Ordnung notwendig sind, um dem durcheinandergeworfenen Leben eine neue Gestalt zu geben. Doch sobald Sie Ihre innere Struktur wiedergefunden haben, sobald Ihnen bewußt wird, daß Sie den richtigen Weg gehen, existiert kein Chaos mehr. Dann ist aus dem Chaos ein Mensch erwachsen, der alte Programme hinter sich gelassen hat, gesellschaftliche Vorgaben abgelegt und fremdbestimmte Visionen aufgegeben hat. Er hat sich eine neue Ordnung geschaffen, in der er lebt. Er wird nicht mehr gelebt, nicht weiter bevormundet durch die Manipulation der Umwelt.

Aus dem Chaos ist eine neuer Kosmos entstanden, ein neuer, faszinierender Lebensraum, der Potentiale leben läßt. Jetzt sind Sie in der Lage, durch Ihre ans Licht getretenen Talente der Vision einen Inhalt zu geben, der Ihrer Identität entspricht, und sich dafür die richtigen Ziele zu setzen. Chaos, Verwirrung ist das Tor zu einer neuen Art des Verstehens.

Visionen brauchen Ziele

Die schönste Vision nützt Ihnen nichts, wenn Sie nicht wissen, was zu tun ist, um sie zu verwirklichen. Das ist so, als suchten Sie auf einem Schiff den besten Liegeplatz, ohne zu prüfen, in welche Richtung das Schiff fährt. Um eine Vision umzusetzen, brauchen Sie Ziele, und um die zu erreichen, gibt es eine Fülle von Aufgaben, die vorher zu erledigen sind.

Antoine de Saint-Exupéry hat einen Satz geschrieben, an dem sich das gut darstellen läßt:

Wenn Du ein Schiff bauen willst,	**Ziel**
so trommle nicht Männer zusammen, die Holz beschaffen, Werkzeuge vorbereiten, Holz bearbeiten und zusammenfügen,	**Aufgabe**
sondern lehre sie die Sehnsucht nach dem weiten Meer.	**Vision**

Visionen müssen präzisiert werden durch Ziele. Jedes Ziel ist ein Meilenstein auf dem Weg zur Vision. Wenn Sie keine oder keine richtigen Visionen haben, ist es nicht möglich, Ziele zu entwickeln, die dem Leben die Faszination schenken können.

Ohne Visionen schauen Sie kurzfristig. Und in der kurzfristigen Betrachtung entsteht vor Ihnen das zu Leistende als riesiger Berg. Bei einer langfristigen Zeiteinschätzung ist Platz, Ihr Potential zu leben. Sie sehen viele Möglichkeiten und genügend Ressourcen, Ihre Vision zu schaffen und zu gestalten.

Aber Vorsicht: Visionen führen nicht zu einem Immer-Mehr. Visionen führen nicht zwangsläufig zu einem quantitativen Wachstum. Das Streben zu den Visionen beinhaltet vielmehr einen qualitativen Wachstumsprozeß. Auch eine Eiche hört ab einer bestimmten Höhe auf, ihr Wachstum nach oben auszurichten. Sie konzentriert sich auf die Kräftigung der Wurzeln und die Stärkung ihres Inneren. Denn was nützte es ihr, sich nur in die Höhe auszurichten und dabei die Festigkeit gebende Breite zu vergessen? Jeder Windstoß würde sie umwerfen. Also nicht höher und höher wachsen, sondern in sich tiefer und tiefer reifen.

5. Die Klarheit der Ziele

Ihre Ziele sind die detaillierten Formulierungen Ihrer Talente und Visionen. Ziele präzisieren den richtigen Weg, lassen Talente und Visionen lebendig werden. Ziele haben eine unbändige Kraft. Sie schaffen eine mentale Wirklichkeit und setzen die Wegweiser in die Zukunft. Niemand ist faul, ängstllich und ineffektiv, er hat nur falsche Ziele.

Ziel kommt von dem Wortstamm „ziehen, zu etwas ziehen". Ziele ziehen zu etwas hin. Daraus erklärt sich auch die Trägheit mancher Menschen. Trägheit ist das Resultat von Zielen ohne Antriebskraft. Und lesen Sie das Wort „Leben" einmal rückwärts, dann wissen Sie, wohin solche Ziele führen: in den Nebel.

Vergessen Sie die Ziele, die Sie morgens zurück ins warme Bett ziehen, statt Sie mit Schwung aus den Federn zu treiben. Ihre Ziele sollten so gut sein, daß Sie sich jeden Tag mit Spaß daran in Bewegung setzen, neue Inspirationen, neue Leistungsanreize, neue Motivationen haben.

Sobald Sie in einem Ziel den Ausdruck Ihres Talentes und einen Meilensteig auf dem Weg zu der Vision gefunden haben, ist keine Entscheidung mehr nötig. Sie sind getragen von einem Gefühl, das Ihr Herz erfüllt. Sie wissen einfach, daß es richtig ist. Und Sie werden den Weg gehen, den Sie sich mit dem Ziel vorgezeichnet haben, und dabei dieses Talent ausbauen, entwickeln, festigen.

Sie können sicher sein: Sobald Sie den Ansatzpunkt für ein Talent gefunden haben, sobald Sie, wenn auch noch unklar, die Richtung erkennen, wird sich eine Tür auftun, hinter der Sie Chancen, Möglichkeiten und Klarheit der Ziele leicht finden und ableiten können.

Ziele dienen dazu, Leben zu erschaffen, Ihr Leben. Also, finden Sie die Ziele, die Ihnen ein faszinierendes Leben bieten. Achten Sie auf Ziele, die Ihre Potentiale fördern. Jedes Ziel, das Sie begeistert, fasziniert, das Sie aus vollem Herzen anstreben, ist eine Möglichkeit, das Talent zu leben, der Vision näherzukommen.

Und Klarheit der Ziele ist nichts weiter, als seine Handlung konsequent auf ein Resultat zu konzentrieren. Einfach klar sein im Tun, weil durch die eindeutige Zielwahl in jeder Lebenslage die für Sie hilfreichste Alternative schnell zu finden ist. Also kein Leben der verpaßten Chancen, weil man zu lange gezögert hat, in Aktion zu treten. Klare Ziele bringen Klarheit ins Leben. Sie geben Ihnen eine Orientierung vor und sind somit reine Energiebringer, hochqualifizierte Zeitsparer. Denn je klarer Sie sind, je konsistenter Ihr Lebensziel formuliert ist, um so eher findet Ihr Gehirn eine Antwort auf das, was zu tun ist. Klarheit ist machtvoll. Was Sie wirklich wollen, befähigt Sie dazu, die notwendigen Ressourcen freizusetzen.

Ein anderer Aspekt der Klarheit ist, daß Sie nicht unentwegt darüber nachdenken, wie denn wohl das Ziel aussehen könnte. Dabei verschwenden Sie enorm viel Energie. Der Grad der Informationen, die die Sicherheit geben, einen Weg auch wirklich zu gehen, ist niemals vollkommen. Nur irgendwann gilt es zu gehen, zuzugreifen, damit nicht der Zeitpunkt kommt, da sich die Lebenschancen auf Nimmerwiedersehen entziehen.

Viele Menschen stehen an einer entscheidenden Weggabelung, unterschiedliche Wege zeigen sich auf. Doch bedingt durch eine fehlende innere Klarheit zögern sie. Paralyse! Wer keine Ziele hat, für den ist jeder Weg richtig. Die Frage ist allerdings, ob es dann ein Weg ist, der das Leben funktionieren läßt. Fehlende Ziele lassen die Klarheit fehlen, und die Konsequenz ist: Im täglichen Leben grübeln Sie laufend darüber nach, was denn genau zu tun sei, wissen nicht, welche der Alternativen, die Ihnen das Leben bietet, für Sie passen könnten. Und damit dürften sich die verpaßten Chancen summieren.

Natürlich, daran müssen ja nicht unbedingt Sie schuld sein, oder? Ausreden und Entschuldigungen dafür gibt es genügend:

▶ Wenn damals meine Eltern ..., dann ...
▶ Wenn ich das wirklich getan hätte, wäre ...
▶ Wenn ich noch jünger wäre, ...
▶ Es kommt doch sowieso alles ganz anders!

Solche Menschen sitzen dann am Frühstückstisch, verspeisen genüßlich ein dick belegtes Butterbrötchen und wollen doch eigentlich abnehmen. Solche Menschen haben natürlich auch die besten Vorsätze, ihre Mitarbeiter einmal wieder zu motivieren, ihrem Partner etwas mehr Zeit zu widmen, die Einladung zu dieser Langweiler-Party abzusagen, und und und.

Doch siehe da, wenn es dann darauf ankommt, werden alle Vorsätze über Bord geworfen, und die alten Gewohnheiten behalten die Oberhand. Nun ja, sie hatten wirklich die besten Absichten. Leider ist dann zufällig etwas dazwischengekommen. Und sie leben weiter nach dem Motto: „Heute so, morgen so!" Ein hübsches Durcheinander von nicht eingehaltenen Vorsätzen, sogenannten Zufällen, zweifelhaften Entschuldigungen und Gewohnheitstaten, im Volksmund auch als Silvester-Syndrom bekannt.

Und wahrscheinlich kennen auch Sie dieses Syndrom nur allzu gut: In den letzten Minuten des Jahres wird Resümee gezogen und in leicht alkoholisierter Stimmung der Entschluß gefaßt: Ab jetzt wird sich vieles ändern! Dann knallen die Sektkorken, das neue Jahr beginnt. Und schon nach ein paar Tagen haben sich auch die lobenswertesten Vorsätze in Luft aufgelöst.

Kann man denn überhaupt etwas erreichen, ohne konkrete, den Visionen dienende und die Talente nutzende Ziele zu haben? Kann man wirklich etwas verändern, ohne bis ins Detail erarbeite, vielleicht sogar niedergelegte Handlungsunterlagen, Orientierungs- und Richtungsfestschreibungen?

Wer in kaufmännischen Bereichen oder im Management arbeitet, weiß, wieviel Mühe man sich gibt, Ziele zu formulieren. In oft tagelanger Arbeit werden Konzepte und Strategien entwickelt und schriftlich niedergelegt. Ihre Kunden sind Ihnen das wert, denn ohne neugewonnene und zufriedene Kunden wäre eine Firma wohl bald am Ende. Das sieht wohl jeder ein. Aber jetzt überlegen Sie einmal: Wer ist der wichtigste Kunde in Ihrem Leben? Natürlich Sie selbst!

Doch die meisten Menschen haben keine klaren Zielsysteme, noch weniger haben sie sie schriftlich formuliert. Und meist führt es zu großen Verwunderungen, daß mal wieder nicht eingetreten ist, was man sich gewünscht hat. Wer im Leben keine klaren Ziele hat, verläuft sich auf dem Weg zu seinen Visionen.

Für die Verwirklichung Ihrer Visionen ist es wesentlich, den Alltag mit Freude und Energie zu erleben. Und dabei helfen Ihnen Zielsetzungen, die in unterschiedlichen Zeitnähen arbeiten und nach Prioritäten geordnet sind.

Ziele sind ein Instrument, um Klarheit auf Ihrem Lebensweg zu schaffen. Wenn Sie wissen, daß die Ziele Ihre Visionen unterstützen, werden Sie genügend Energie und Zufriedenheit in Ihrem Herzen spüren, um die notwendigen Schritte zu tun. Und dabei ist es völlig uninteressant, ob Sie Stunden oder Tage vertun. Denn es ist viel entscheidender, daß die grundsätzliche Richtung stimmt. Wenn Sie dann etwas tun, können Sie anhand der Resultate zeitnaher Ziele jederzeit prüfen, ob Sie auf dem richtigen Weg sind. Sie werden in Ihrem Leben dort ankommen, wo Sie sein möchten.

Sicher, wir leben in einer Zeit, in der Zeit sehr knapp ist. Zumindest sagen es alle, und zu lesen ist es auch oft genug. Und Sie bekommen eine Menge Informationen, wie Sie Zeit sparen können. Nun, ich halte das für ein ziemlichen Blödsinn. Die Zeit, die uns heute zur Verfügung steht, ist die gleiche Zeit, die auch den Menschen vor ein paar hundert Jahren zur Verfügung stand. Und auch früher gab es Menschen, die damit nicht umgehen konnten, ebenso wie heute. Glauben Sie wirklich, daß Sie Ihre Ziele schneller erreichen, Ihre Visionen eher verwirklichen, je mehr Zeit Sie haben? Glauben Sie, es nützt, wenn Sie einen Time-Management-Kursus besuchen oder eines jener fetten Zeitplan-Systeme kaufen, die Ihnen ein hervorragendes Time Management versprechen? Und lassen wir es dahingestellt, ob Sie mit dieser Technik überhaupt klarkommen werden. Nochmals: Das ist wirklich ausgemachter Blödsinn! Ich behaupte sogar konträr zu all den Aussagen, daß es Spaß macht, absolut ineffizient zu sein und seine Zeit zu vertrödeln. Eines sollte allerdings vorausgesetzt sein: Sie orientieren sich im richtigen Rahmen. Das heißt, die Visionen leben durch Ihr Talent, und die Zielsetzungen sind klar.

Da gibt es Außendienstverkäufer, die hetzen von einem Kunden zum anderen und fühlen sich erst dann zufrieden, wenn sie neun oder zehn Kunden pro Tag besucht haben. Unabhängig davon, was sie erreicht haben. Und es gibt wiederum andere, die besuchen nur einen oder zwei Kunden am Tag, sie haben eine Menge Zeit, sitzen nachmittags vielleicht eine Stunde im Café und machen sich Gedanken über den nächsten Kundenbesuch. Vielleicht relaxen sie aber einfach nur. Mit Sicherheit sind diese Verkäufer nicht zwangsläufig weniger erfolgreich. Denn wenn die Richtung stimmt, dann führen die abgeleiteten Ziele automatisch zum Erfolg.

Das Instrument par excellence für ein hervorragendes Zeitmanagement sind die richtigen Ziele. Ziele, die Sie Schritt für Schritt Ihrer Vision näherbringen. Denn was nützen Ihnen die tollsten Techniken, Zeit zu sparen, wenn Sie auf dem falschen Weg sind? Die besten Liebestechniken nützen nichts, wenn sie den falschen Partner haben, die Managementtechniken nützen nichts, wenn Sie im falschen Beruf sind. Was nutzt es, wenn Sie in die falsche Richtung fliegen, die Geschwindigkeit beschleunigen, aber letztlich auf dem falschen Flughaften landen? Nichts nützt es Ihnen. Sie brauchen klare Ziele, und allein diese lösen auf einen Schlag das Zeitmanagement-Problem.

Noch eine Frage zum Thema Zeit: Haben Sie schon einmal darüber nachgedacht, wieviel Zeit Sie vertun mit

► Schuldzuweisungen und Rechtfertigungen?
► Stunden vor dem Fernseher, dem Videogerät?
► langweiligen Partys?
► Freunden, die keine sind?
► Essen, obwohl Sie keinen Hunger haben?
► all den Tätigkeiten, um sich vor etwas anderem zu drücken?

Hand aufs Herz! Eine Stunde pro Tag – oder sind es nicht eher drei? Nun, einigen wir uns auf zwei Stunden täglich. Auf ein Jahr gerechnet sind das 730 Stunden oder etwa 30 Tage, also ein Monat. 30 Tage für nichts! – Wieviel Zeit verwenden Sie dagegen, um an der Orientierung Ihres Lebens zu arbeiten?

Wenn Sie an dieser Stelle zu dem Schluß kommen, daß Sie bisher eigentlich recht wenig Zeit investiert haben, können Sie jetzt die Arbeit an sich selbst nachholen, um Ihrem Leben eine gehörige Portion Faszination hinzuzufügen.

Die nun beginnenden sieben Prüfungszyklen geben Ihnen die Chance, das herauszuarbeiten, was für das Entdecken Ihrer Talente, für die Entwicklung der richtigen Visionen und für das Präzisieren der mit beidem übereinstimmenden Ziele wirklich wichtig ist. Denn schließlich ist der Mensch nicht die Summe dessen, was er hat, sondern die Gesamtheit dessen, was er noch nicht hat, dessen, was er haben könnte.

Teil B
Die Prüfungen

Starten Sie nun die Entdeckungsreise durch sieben Prüfungszyklen mit insgesamt 49 Prüfungen, 49 Chancen, Ihr ruhendes, schlafendes Talent zu wecken. Es ist keine wissenschaftliche Reise, sondern eine äußerst intuitive. Weniger vergleichbar mit einer Studienreise durch die Metropolen der Welt, als vielmehr mit dem Kennenlernen selbst des kleinsten Winkels in Ihrer unmittelbaren Umgebung. Sie werden am Ende dieser Reise auch kein klar benennbares Gesamtresultat erzielen. Aber Sie werden faszinierende Innenräume kennengelernt haben, eine innere Welt, die Ihnen durch die Konzentration auf die äußere Welt bisher vorenthalten blieb.

Jede Prüfung kann zwei gegenläufige Prozesse auslösen. Der erste Prozeß, das Hinzufügen, ist vergleichbar mit der Arbeit eines Malers. Kein Maler vollendet erst eine kleine Ecke des Bildes, ehe er sich der nächsten zuwendet. Vielmehr wird er immer das Gesamtwerk im Auge behalten. Eines ergibt das andere, alles beeinflußt sich gegenseitig. Es gibt kein geniales Konzept. Die Genialität ist ein Prozeß, sie wird geboren, entwickelt und immer wieder verfeinert.

Der zweite Prozeß, der parallel zum ersten verläuft, ist das Wegnehmen: Ein Bildhauer nimmt dem Bestehenden, dem Alten, dem Gefestigten, etwas weg. Er arbeitet an dem unbehauenen Steinblock, bis er Form annimmt und aus einem groben Stein nach und nach eine wohlproportionierte Skulptur entsteht. Er schafft etwas Neues, etwas Einmaliges.

Ob Maler oder Bildhauer – beide können ein großartiges Werk nur vollenden, wenn sie bereit sind zu Arbeit und Anstrengungen. Oft geht es nur langsam und mühevoll voran, aber es gibt auch diese beglückenden Momente, wenn plötzlich ein außergewöhnlicher Gedanke aufkeimt, Gestalt annimmt und sie sagen können: Ja, genau das ist es!

Ihre Arbeit bei den sieben Prüfungszyklen wird ähnlich sein. Sie werden etwas wegnehmen, hinzufügen, verändern, neue Ideen entwickeln. Alte Gewohnheiten werden aufgegeben, neue Denkmuster entwickelt, bisherige Ziele werden als unwichtig erkannt, Lebensvisionen verändert oder völlig umgeworfen. Sie werden immer wieder hier etwas wegnehmen, dort etwas hinzufügen. Aus nichts wird mehr, und aus viel wird weniger.

Das Ziel ist klar: Die Freilegung des Talentes, der Aufbau der Vision, die Ableitung von Zielen, um dann alles in Handlung umzusetzen. Aber was Sie sich zu Beginn vorgestellt haben, wird am Ende nicht unbedingt das Ergebnis sein.

Die Prüfungen sind einfach, schmucklos, ohne große Interpretationen. Trotzdem wird es sich nicht vermeiden lassen, daß Überraschungen eintreten, Unterbrechungen oder Einschnitte, vielleicht werden Sie sogar so etwas wie einen Schock verspüren.

Auch wenn Sie es jetzt noch nicht glauben wollen: Erst wenn Sie mit Kopf und Herz erkennen, daß derart negative Empfindungen durchaus bedeutende Veränderungen zum Positiven mit sich bringen, können Sie eine solche Situation akzeptieren. Und erst dann haben Sie die Chance zur wirklichen Veränderung. Erst jetzt kann eine Vision erwachsen, die Ihr Leben, Ihr Talent stützt.

Ein solch unangenehmes Erleben kann immer wieder passieren, wenn Sie die Prüfungen durcharbeiten. Lassen Sie sich davon nicht irritieren. Denken Sie bitte an die Erkenntnis: Nur durch die Dunkelheit kann man Licht sehen. Denken Sie an den Samen, der nur in der Dunkelheit seinen Keim entwickeln konnte und ihn dann durch die Erde preßt, um im Licht die Möglichkeiten seiner Entfaltung gänzlich zu nutzen.

I. Prüfungszyklus

1. Die Lebenslinie

Zeitetat: 20 Minuten

1. Überlegen Sie, wie Sie sich privat, beruflich und gesundheitlich in welchem Lebensalter gefühlt haben.

2. Markieren Sie die Höhepunkte und die Tiefpunkte Ihres Lebens in den drei verschiedenen Bereichen auf der folgenden Skala.

3. Verbinden Sie die Punkte eines Bereiches mit der entsprechenden Linie.

■ **Beispiel**

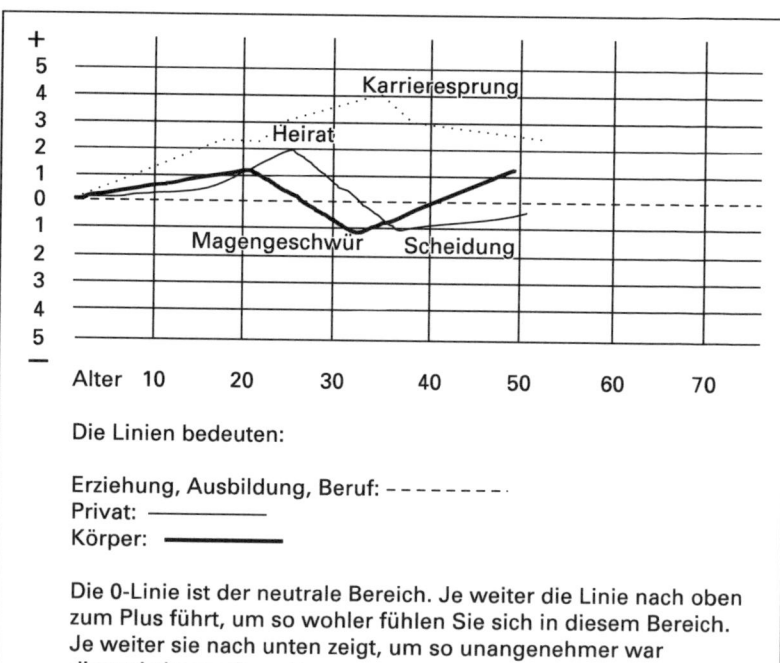

Die Linien bedeuten:

Erziehung, Ausbildung, Beruf: - - - - - - - -
Privat: ————
Körper: ━━━━━

Die 0-Linie ist der neutrale Bereich. Je weiter die Linie nach oben zum Plus führt, um so wohler fühlen Sie sich in diesem Bereich. Je weiter sie nach unten zeigt, um so unangenehmer war dieser Lebenszeitpunkt.

Das Beispiel in der Skala ist wohl eher abschreckend: Bestimmt ist es schön, im Alter von ungefähr 35 Jahren erfolgreich im Beruf zu sein. Aber dabei körperlich in den unteren Bereich zu sinken, ist nicht Sinn des Erfolges. Ziel im Leben sollte es doch sein, in allen Lebensbereichen ein möglichst hohes Wohlgefühl zu erlangen.

▨ Wie sieht Ihre Lebenslinie aus?

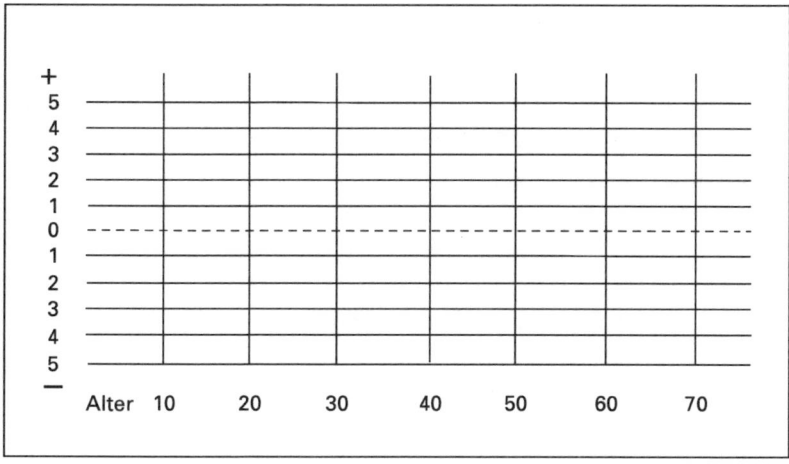

Heureka!

_____

_____

_____

_____

(Tragen Sie hier bitte ein, was Sie für sich durch diese Prüfung erkannt haben.)

2. Was ist wirklich wichtig?

Zeitetat: 20 Minuten

1. Schreiben Sie ohne viel nachzudenken auf, was Sie in Ihrem Leben erreichen wollen. Das kann alles mögliche auf der Welt sein, Sie brauchen sich in Ihren Antworten nicht zu beschränken. Überlegen Sie nicht, ob es machbar ist, schreiben Sie einfach alles auf, was Ihnen in den Sinn kommt. Und: Hören Sie auf Ihr Herz, und lassen Sie nicht nur Ihren Kopf sprechen.

2. Es ist auch völlig unwichtig, wann Sie es erreichen wollen oder können, seien es Tage, Wochen, Monate oder Jahre …

3. Wichtig ist aber: Seien Sie völlig ehrlich bei dem, was Sie schreiben.

■ **Was wollen Sie in Ihrem Leben erreichen?**

_____

_____

_____

_____

_____

_____

_____

_____

_____

_____

Ich bin fast sicher, daß Sie nicht alles niedergeschrieben haben, was Sie erreichen möchten. Oder haben Sie tatsächlich Ihre kühnsten Träume, Ihre geheimsten Wünsche genannt? Trauen Sie sich ruhig, denn es geht hier erst einmal nicht darum, ob es im Rahmen des Möglichen liegt. Es geht darum, daß Sie Ihre verborgenen Talente erkennen, den Ihnen entsprechenden Visionen und den daraus abzuleitenden Zielen näherkommen. Und dafür sind Ihre Wünsche, Ihre Träume und all das, was Sie vielleicht als Illusion bezeichnen, die geeigneten Wegweiser.

Mit dem Herzen denken

Der weltberühmte Psychotherapeut C. G. Jung (1875–1961) zitierte gelegentlich einen Indianer, der sich über die Weißen geäußert hatte: „Schau bloß, wie grausam die Weißen aussehen! Ihre Lippen sind dünn, ihre Gesichter voller Falten, gefurcht, verzerrt. Sie haben starre Augen, suchen immer etwas. Was suchen sie bloß? Sie sind rat- und ruhelos. Wir wissen nicht, was sie wollen. Wir verstehen sie nicht ..." Jung fragte ihn, warum er denn meine, die Weißen seien alle ruhelos. Da entgegnete der Indianer: „Sie denken mit dem Kopf, hast du gesagt. Das verstehen wir nicht." Wo er – der Indianer – denn denke, wollte der Psychotherapeut wissen. „Wir denken hier!" sagte er – und deutete auf sein Herz. Jung versank in langes Nachsinnen.

Heureka!

_____

_____

_____

_____

(Tragen Sie hier bitte ein, was Sie für sich durch diese Prüfung erkannt haben.)

3. Collagen

Zeitetat: ca. 60 Minuten

1. Sie brauchen eine Schere, Klebstoff und drei große Karton- oder Papierbogen, möglichst DIN-A3. Dann nehmen Sie alles, was Ihnen mit möglichst vielen, bunten Abbildungen in die Hände fällt: Zeitungen, Illustrierten, Prospekte und ähnliches. Nun fehlt eigentlich nur noch Ihre Lieblingsmusik, und schon kann's losgehen.

2. Blättern Sie durch die Journale und Kataloge, und jedes Bild, das Ihre Ziele und Visionen darstellt, schneiden Sie heraus.

3. Dann komponieren Sie nach Herzenslust aus den gefundenen Bildern drei Collagen, die Ihre Ziele und Visionen bildlich darstellen.

■ **Welche Elemente enthalten die Collagen?**

_____

■ **Welche Gemeinsamkeiten sind in allen drei enthalten?**

_____

■ **Welche Unterschiede gibt es?**

_____

■ **Was drücken die Collagen aus?**

_____

Die Geschichte vom grünen Fahrrad

Ein Mädchen wollte sein Fahrrad anstreichen. Es entschied sich für grüne Farbe. Aber der große Bruder sagte: „So ein grasgrünes Fahrrad habe ich noch nie gesehen. Du mußt es rot anstreichen, dann wird es schön." Rot fand das Mädchen auch schön. Also holte es rote Farbe und strich das Fahrrad rot. Aber ein anderes Mädchen meinte: „Rote Fahrräder haben doch alle! Warum streichst du es nicht blau an?" Das Mädchen überlegte und strich sein Fahrrad blau. Aber der Nachbarsjunge kritisierte: „Blau? Das ist doch so dunkel. Gelb ist viel lustiger!" Und das Mädchen hielt auch gleich Gelb für lustiger. Aber eine Nachbarin sagte: „Das ist ein scheußliches Gelb. Nimm himmelblaue Farbe, das finde ich schön." Und das Mädchen hat sein Fahrrad himmelblau gestrichen. Aber dann kam der große Bruder wieder. Er rief: „Du wolltest es doch rot anstreichen! Himmelblau, das ist eine blöde Farbe. Rot muß du nehmen, Rot." Da lachte das Mädchen, holte den grünen Farbtopf und strich das Fahrrad grün, grasgrün. Und es war ihm ganz egal, was die anderen dachten.

Heureka!

_____

_____

_____

(Tragen Sie hier bitte ein, was Sie für sich durch diese Prüfung erkannt haben.)

4. Brain Mapping

Zeitetat: 60 Minuten

1. Nehmen Sie sich ein Blatt Papier, und schreiben Sie untereinander auf, was Sie erreichen wollen: all die kleinen und großen Ziele, Lebensvisionen, Herzenswünsche. Schreiben Sie ohne auf eine besondere Anordnung zu achten das auf, was Ihnen spontan einfällt. Dann nehmen Sie einen Bleistift und zeichnen Sie auf einem möglichst großen Bogen Papier, es kann ruhig Packpapier oder ähnliches sein, einen Kreis und schreiben wie auf der nebenstehenden Grafik dargestellt, „Meine Ziele" hinein.

2. Überlegen Sie nun, welche Oberbegriffe sich aus dem, was Sie vorher aufgelistet haben, herausbilden lassen. Jeden dieser Begriffe schreiben Sie dann an eine von dem Kreis ausgehende Linie. Von dieser Linie zweigen kleinere Linien ab, an die Sie das schreiben, was sich dem jeweiligen Oberbegriff zuordnen läßt: Was ist die Voraussetzung, um dieses Ziel zu erreichen, was wollen oder sollten Sie dafür tun? Und wenn es auch dafür noch etwas zu tun gibt, lassen Sie wiederum eine Nebenlinie abzweigen.

   Sollte beispielsweise als einer der gefundenen Oberbegriffe „Gesundheit" an einer Hauptlinie stehen, dann könnten vielleicht Diät, Sport und Schlaf an der Nebenlinie stehen. Von der „Diät"-Linie zweigen dann die Linien ab, auf die Sie schreiben, wie Sie die Diät umsetzen wollen: Auswahl der für Sie geeigneten Diät, oder: jede Woche ein Safttag, oder: statt Schokolade Obst essen usw.

3. Dieses Brain Mapping begleitet Sie ab jetzt auf Ihrem Weg durch die Prüfungen. Hängen Sie es so auf, daß Sie es so oft wie möglich im Blick haben. Bei jeder neugewonnen Erkenntnis über sich selbst können Sie es überarbeiten, verbessern, verdeutlichen.

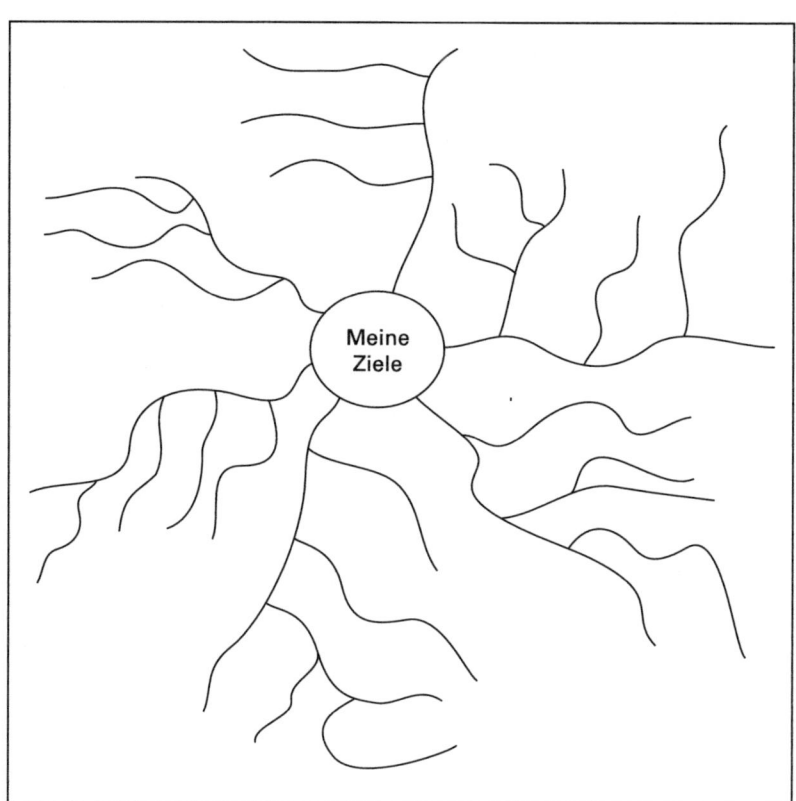

Heureka!

_____

_____

_____

_____

(Tragen Sie hier bitte ein, was Sie für sich durch diese Prüfung erkannt haben.)

5. Das Arztgespräch

Zeitetat: 60 Minuten

Diese Übung ist ein Check-up mit einer Prise schwarzen Humors, eine ziemlich unangenehme Prüfung, die darauf abzielt zu erfragen, ob Sie mit Ihren Zielen auch tatsächlich richtig liegen.

1. Stellen Sie sich vor, Sie besuchen einen Arzt. Das abschließende Gespräch ist hochinteressant: Ihr Arzt empfiehlt Ihnen, keine Langspielplatten mehr zu kaufen und regelmäßig Fango-Packungen zu machen, damit Sie sich schon an den Kontakt mit der Erde gewöhnen. Damit möchte er Ihnen schonend zu verstehen geben, daß Sie nur noch sechs Monate leben werden.

2. Scherz beiseite. Nehmen Sie sich nun die Muße, und überlegen Sie genau, was Sie ab heute machen würden, wenn Sie nur noch sechs Monate zu leben hätten.

3. Gehen Sie alle Lebensbereiche durch, planen Sie so konkret wie möglich die Zeit, die Ihnen dann noch verbliebe.

■ **Was würden Sie ab heute tun, wenn Sie nur noch sechs Monate zu leben hätten?**

_____

_____

_____

_____

_____

_____

_____

_____

_____

_____

_____

_____

_____

_____

_____

_____

_____

Ich gehe einmal davon aus, daß Sie diese Übung ernst genommen haben. Dann werden Sie wohl all die Dinge aufgeschrieben haben, die Ihnen wichtig sind, die Sie gerne tun würden. Verrückte, phantastische, aber auch ganz realistische Dinge, die Sie bisher vielleicht noch nicht getan haben. Was hindert Sie daran, zumindest einiges davon umzusetzen? Welche Voraussetzungen brauchen Sie, um es zu tun? Auch wenn Sie noch wesentlich länger als sechs Monate leben werden – Sie leben nicht ewig! Und da scheint es doch sinnvoll, schon jetzt die schönsten Träume einmal näher zu beleuchten, um ihnen möglichst bald näherzukommen.

Heureka!

_____

_____

_____

_____

(Tragen Sie hier bitte ein, was Sie für sich durch diese Prüfung erkannt haben.)

6. Ihr Wunschinserat

Zeitetat: 30 Minuten

1. Sie schlagen morgens die Zeitung auf, blättern durch die Stellen-anzeigen, Ihr Blick fällt auf ein Inserat, und Sie wissen sofort: Das ist genau das, was ich mir immer gewünscht habe. Und das schönste: Den gestellten Anforderungen fühlen Sie sich voll und ganz gewachsen.

2. Welches Inserat würde Sie ansprechen? Welche konkreten Aufga-ben und Anforderungen wären genannt?

3. Schreiben Sie bitte jetzt das auf Sie persönlich zugeschnittene Inserat, und achten Sie darauf, daß es auch optisch attraktiv gestaltet ist.

■ **Mein Wunschinserat**

Der David des Michelangelo

Die Signora in Florenz hatte einen großen Marmorblock bestellt und einen Bildhauer beauftragt, daraus eine Figur zu meißeln. Entweder war der Bildhauer kein sehr großer Bildhauer oder der Stein war schlecht gebrochen – der Bildhauer wußte mit dem Block nichts anzufangen. Er sah keine Möglichkeit, aus diesem Marmor eine Figur herauszuholen. So lag der große Block herum. Die Versuche des hilflosen Bildhauers hatten ihm nicht gutgetan. Andere Bildhauer kamen, schauten und gingen wieder. Mit diesem Stein war nichts mehr anzufangen. Eines Tages kam Michelangelo, der berühmte Maler und Bildhauer, in seine Vaterstadt. Ob ihm der Stein aufgefallen war oder ob man ihn darauf aufmerksam gemacht hatte – er begann sich mit ihm zu beschäftigen. Er schaute ihn an. Er maß ihn ab. Er überlegte. Immer deutlicher sah er vor sich, noch in Stein, die Figur, welche die Florentiner wünschten. Er sah den David, die Schleuder auf der Schulter, die Kieselsteine in der Hand, wie er gelassen und gelöst zum Kampf gegen Goliath ausschritt. Die anderen sahen nur einen Steinblock, der unnötig und unbrauchbar im Weg lag. Michelangelo sah bereits den David. Er sah ihn in dem verpfuschten Marmor. Er nahm Hammer und Meißel und begann zu arbeiten. Die Neunmalklugen lachten. Wußten sie doch, daß aus diesem Block nichts mehr werden könne. Er aber meißelte. Während sie noch redeten, argumentierten und bewiesen, daß er, auch er, scheitern werde, wuchs unter seinen Händen eine der großen Plastiken der Welt.

Heureka!

_____

_____

_____

(Tragen Sie hier bitte ein, was Sie für sich durch diese Prüfung erkannt haben.)

7. Ihr persönliches Tagebuch

Zeitetat: 30 Minuten

1. Lassen Sie den heutigen Tag noch einmal an sich vorüberziehen. Sicherlich können Sie sich noch an die wichtigsten Ereignisse erinnern.

2. Tragen Sie in die Tabelle das heutige Datum in das entsprechende Feld ein, und bewerten Sie diesen Tag auf der Skala von 1 bis 10. War es ein sehr angenehmer Tag, so machen Sie in der Rangskala unter der 10 ein Kreuz und begründen es in der Spalte „Warum?". War der Tag sehr unangenehm, kreuzen Sie die 1 an und geben ebenfalls Ihre Gründe an.

3. Pflicht ist, daß Sie mindestens zwei Wochen lang Ihre Bewertung dem folgenden Beispiel entsprechend vornehmen.

■ **Beispiel**

Tag	Datum	–	1	2	3	4	5	6	7	8	9	10	+	Warum?
1	So., 6. Sept.		x											Streit mit meiner Frau
2	Mo.,7. Sept.		x											Termin versäumt, Auftrag nicht bekommen
3	Di., 8. Sept.		x											Vorwürfe wegen gestern
4	Mi., 9. Sept.				x									Einladung zum Kongreß
5	Do., 10. Sept.					x								2 Konferenzen an einem Tag
6	Fr., 11. Sept.							x						Lange Diskussionen mit meiner Frau, wir reden wieder miteinander
7	Sa., 12. Sept.						x							Morgens gearbeitet, den Rest des Tages gefaulenzt

▪ Nun ist Ihr persönliches Tagebuch an der Reihe

Tag	Datum	– 1 2 3 4 5 6 7 8 9 10 +	Warum?
1			
2			
3			
4			
5			
6			
7			
8			
9			
10			
11			
12			
13			
14			

Heureka!

_____

_____

_____

_____

(Tragen Sie hier bitte ein, was Sie für sich durch diese Prüfung erkannt haben.)

II. Prüfungszyklus

1. Telegramm

1. Sie haben ein Telegramm erhalten. Darin wird Ihnen mitgeteilt, Ihre drei größten Wünsche seien in Erfüllung gegangen. Welche Wünsche wären das?

2. Schreiben Sie diese auf, und stellen Sie so ausführlich wie möglich deren Inhalt dar.

3. Lassen Sie Ihrer Phantasie freien Lauf, und schreiben Sie, ohne an irgendwelche Begrenzungen zu denken.

■ **Was haben Sie sich gewünscht?**

1. _____

_____

2. _____

_____

3. _____

_____

Nun ja, Ihre Wünsche werden wohl nicht sofort in Erfüllung gehen. Aber durch das Aufschreiben haben sie sich wieder etwas mehr in Ihren Gedanken manifestiert. Und das ist das Ziel dieser Prüfung. Denn leider erfüllen sich Wünsche nicht nur, weil sie ausgesprochen oder aufgeschrieben werden. Das Leben erwartet nun mal etwas mehr Einsatz, und manchmal kann es sogar viel schlimmer kommen ...

Wieviel Erde braucht der Mensch?

Einem armen Bauern, der kaum das Nötigste zum Leben hat, wird eines Tages ein unerwartetes Glück zuteil. Ein reicher Grundbesitzer erlaubt ihm, soviel Land als Eigentum zu erwerben, wie er in der Zeitspanne zwischen Sonnenaufgang und -untergang zu Fuß umschreiten kann. Die einzige Bedingung: Er muß, wenn die Sonne untergeht, genau wieder an dem Punkt angekommen sein, an dem er morgens aufgebrochen ist. Zunächst ist der arme Bauer überglücklich, weil er bei weitem nicht den ganzen Tag brauchen wird, um so viel Land zu umwandern, wie er zu einem reichlichen Lebensunterhalt braucht. So geht er frohen Mutes los, ohne Hast, mit ruhigem Schritt. Doch dann kommt ihm der Gedanke, diese einmalige Chance auf jeden Fall auszunützen und soviel Boden wie nur eben möglich zu gewinnen. Er malt sich aus, was er alles mit dem neugewonnen Reichtum anfangen kann. Sein Schritt wird schneller, und er orientiert sich am Stand der Sonne, um nur ja nicht den Zeitpunkt zur Rückkehr zu verpassen. Er geht in einem großen Kreis weiter, um noch mehr Land zu erhalten. Dort will er noch einen Teich hinzubekommen, hier eine besonders saftige Wiese und da wiederum ein kleines Wäldchen. Sein Schritt wird hastig, sein Atem wird zum Keuchen, der Schweiß tritt ihm auf die Stirn. Endlich, mit letzter Kraft, ist er am Ziel angekommen: Mit dem letzten Strahl der untergehenden Sonne erreicht er den Ausgangspunkt, ein riesiges Stück Land gehört ihm – doch da bricht er vor Erschöpfung zusammen und stirbt; sein Herz war der Belastung nicht gewachsen. Es bleibt ihm jenes winzige Stück Erde, in dem er beerdigt wird; mehr braucht er jetzt nicht mehr.

Heureka!

_____

_____

_____

(Tragen Sie hier bitte ein, was Sie für sich durch diese Prüfung erkannt haben.)

2. Ihre Lebensvision

Zeitetat: 60 Minuten

Legen Sie einen großen Block Zeichenpapier und Buntstifte oder Wasserfarben bereit. Dann lassen Sie Musik laufen, bei der Sie sich gut entspannen können. Und jetzt dürfen Sie sich in eine weit vor Ihnen liegende Zukunft träumen, vielleicht zehn oder 20 Jahre später.

1. Stellen Sie sich die Menschen vor, die Sie dann umgeben werden, und überlegen Sie sich, welche Ziele zu diesem Zeitpunkt zum Greifen nahe sein werden. Suchen Sie gedanklich nach bildhaften Symbolen, die die erreichten Ziele ausdrucksvoll darstellen.

2. Dann stellen Sie sich vor, was zu dieser Zukunftsvision paßt. Sie können sich alles vorstellen, was Ihnen gefällt: Menschen, Objekte, Situationen, Gefühle, Töne, Kleidung ... Sie können das Bild so oft verändern, wie Sie wollen. Irgendwann paßt es, irgendwann spüren Sie genau, daß Sie sich gedanklich in einer Lebenssituation befinden, die mit den Symbolen der erreichten Ziele übereinstimmt. Dieses innere Bild legen Sie dann bitte in ein geistiges Fixierbad. Machen Sie es fest.

3. Und nun: Aufwachen! Greifen Sie zu Ihrem Zeichenpapier und malen Sie Ihre Vision. Das Bild muß nicht künstlerisch perfekt sein. Hauptsache ist, Sie erkennen auf dem Bild, was gemeint ist. Dann suchen Sie sich einen schönen Rahmen und hängen es dort auf, wo Sie es oft in den Blick bekommen. Das ist ab heute eines Ihrer wertvollsten Bilder.

▦ Ihre Lebensvision

_____

_____

_____

_____

_____

_____

_____

_____

_____

_____

_____

_____

Heureka!

_____

_____

_____

_____

(Tragen Sie hier bitte ein, was Sie für sich durch diese Prüfung erkannt haben.)

3. Ihre Glücksstory

Zeitetat: 30 Minuten

1. Das Leben eines jeden Menschen teilt sich in verschiedene Entwicklungsabschnitte. Der Einfachheit halber nehmen wir hier einmal an, es seien drei Abschnitte.

2. Denken Sie jetzt über Ihre bisherige persönliche Entwicklung nach, und teilen Sie Ihr Leben in drei prägende Lebensabschnitte.

3. Haben Sie für sich drei Lebensabschnitte festgelegt, dann schreiben Sie die für jeden Abschnitt größten Glücksmomente auf und begründen ausführlich, warum Sie so empfunden haben.

■ Beispiel

Für einen 60jährigen kann das so aussehen:

Phasen	oder	Phasen	oder	Phasen
von 0 bis 20 Jahre		von 0 bis 30 Jahre		von 0 bis 20 Jahre
von 21 bis 40 Jahre		von 31 bis 40 Jahre		von 21 bis 50 Jahre
von 41 bis 60 Jahre		von 40 bis 60 Jahre		von 51 bis 60 Jahre

■ **Wann in Ihrem Leben waren Sie am zufriedensten und glücklichsten? Warum war das so?**

Phasen	Wann?	Warum?
von bis		
von bis		
von bis		
von bis		
von bis		

■ **Welches der genannten Glücksmomente war das größte, das am intensivsten erfahrene Erlebnis?**

_____

_____

Heureka!

_____

_____

_____

(Tragen Sie hier bitte ein, was Sie für sich durch diese Prüfung erkannt haben.)

4. Ihre Unglücksstory

Zeitetat: 30 Minuten

1. Nehmen Sie noch einmal die vorher festgelegte Lebenseinteilung, und erinnern Sie sich an die größten Unglücksmomente in diesen Lebensabschnitten.
2. Begründen Sie bitte auch hier, warum Sie so empfunden haben.
3. Anschließend wählen Sie nach sorgfältiger Überlegung das größte Unglückserlebnis Ihres Lebens aus.

Phasen	Wann waren Sie zutiefst unglücklich und unzufrieden?	Warum war das so?
von bis		
von bis		
von bis		
von bis		
von bis		
von bis		

Das unglücklichste Erlebnis meines Lebens

_____

_____

_____

_____

Das Leben ist herrlich!

Zu einem alten Rabbi kam ein Mann und klagte: „Rabbi, mein Leben ist nicht mehr erträglich. Wir wohnen zu sechst in einem einzigen Raum. Was soll ich nur machen?" Der Rabbi antwortete: „Nimm deinen Ziegenbock mit ins Zimmer." Der Mann glaubte, nicht recht gehört zu haben. „Den Ziegenbock mit ins Zimmer?" „Tu, was ich dir gesagt habe", entgegnete der Rabbi, „und komm nach einer Woche wieder." Nach einer Woche kam der Mann wieder, total am Ende. „Wir können es nicht mehr aushalten, der Bock stinkt fürchterlich!" Der Rabbi sagte zu ihm: „Geh nach Hause und stell den Bock wieder in den Stall. Dann komm nach einer Woche wieder." Die Woche verging. Als der Mann zurückkam, strahlt er über das ganze Gesicht: „Das Leben ist herrlich, Rabbi. Wir genießen jede Minute. Kein Ziegenbock – nur wir sechs."

Heureka!

_____

_____

_____

(Tragen Sie hier bitte ein, was Sie für sich durch diese Prüfung erkannt haben.)

Ihre Unglücksstory **79**

5. Sechs Fragen zum Beruf

1. Beantworten Sie die sechs nachstehenden Fragen, ohne lange zu überlegen, aber trotzdem präzise.

2. Wundern Sie sich bitte nicht über die zweite und dritte Frage: Jeder Mensch hat für seinen Erfolg bezahlt, sei es mit dem Verzicht auf Freizeit, mit finanziellen Einschränkungen für eine gewisse Zeit oder gar dem Verlust seiner Ideale.
Aber nicht nur Sie, auch andere sind an Ihrem Erfolg beteiligt: Hat Ihr Lebenspartner gearbeitet, damit Sie studieren konnten? Hat ein Kollege den Platz für Sie freimachen müssen? Oder leiden Ihre Eltern darunter, daß Sie lieber jede Stunde der Karriere widmen, als sie einmal zu besuchen?

3. Besonders bei der letzten Frage ist es wichtig, ganz spontan zu antworten.

Warum üben Sie Ihren jetzigen Beruf aus?

_____

_____

_____

Wer hat für Ihren beruflichen Erfolg bezahlt, nicht nur finanziell, sondern auch psychisch oder ideell?

_____

_____

_____

■ **Womit haben Sie für Ihren beruflichen Erfolg bezahlt?**

_____

_____

_____

■ **Fühlten Sie sich bei der Erledigung der zuletzt abgeschlossenen Aufgabe/Aktivität zufrieden?**

_____

_____

_____

■ **Arbeiten Sie in Ihrem jetzigen Beruf mit Erfolg? Begründen Sie Ihre Antwort.**

_____

_____

_____

■ **Was ist für Sie der tiefere Sinn Ihres Berufslebens?**

_____

_____

_____

Heureka!

_____

_____

_____

(Tragen Sie hier bitte ein, was Sie für sich durch diese Prüfung erkannt haben.)

6. Alles ist möglich

1. Was würden Sie anders machen, wenn Sie wüßten, daß alles möglich wäre?

2. Schreiben Sie auf, was Sie tun würden, wenn Ihnen genügend Potential zur Verfügung stünde, um alles zu verwirklichen, was Sie sich wünschen.

3. Seien Sie bitte konkret: Die Antwort: „Ich würde viel Geld verdienen", reicht nicht aus. Wichtig ist, was Sie dafür tun würden.

_____

_____

_____

_____

_____

_____

_____

_____

_____

_____

_____

_____

_____

Die Probe wagen

Ein König stellte für einen wichtigen Posten den Hofstaat auf die Probe. Kräftige und weise Männer umstanden ihn in großer Menge. „Ihr weisen Männer", sprach der König, „ich habe ein Problem, und ich möchte sehen, wer von euch in der Lage ist, dieses Problem zu lösen." Er führte die Anwesenden zu einem riesengroßen Türschloß, so groß, wie es keiner je gesehen hatte. Der König erklärte: „Hier seht ihr das größte und schwerste Schloß, das es in meinem Reich je gab. Wer von euch ist in der Lage, das Schloß zu öffnen?" Ein Teil der Höflinge schüttelte nur verneinend den Kopf. Einige, die zu den Weisen zählten, schauten sich das Schloß näher an, gaben aber zu, sie könnten es nicht schaffen. Als die Weisen dies gesagt hatten, war sich auch der Rest des Hofstaates einig, dieses Problem sei zu schwer, als daß sie es lösen könnten. Nur ein Weiser ging an dieses Schloß heran. Er untersuchte es mit Blicken und Fingern, versuchte es auf die verschiedensten Weisen zu bewegen und zog schließlich mit einem Ruck daran. Und siehe: Das Schloß öffnete sich. Das Schloß war nur angelehnt gewesen, nicht ganz zugeschnappt, und es bedurfte nichts weiter als des Mutes und der Bereitschaft, dies zu begreifen und beherzt zu handeln. Der König sprach: „Du wirst die Stelle am Hof erhalten, denn du verläßt dich nicht nur auf das, was du siehst und was du hörst, sondern setzt deine Kräfte ein und wagst eine Probe."

Heureka!

_____

_____

_____

_____

(Tragen Sie hier bitte ein, was Sie für sich durch diese Prüfung erkannt haben.)

7. Ihr Begräbnis

Zeitetat: 30 Minuten

1. Stellen Sie sich vor, Sie seien gestorben und beobachteten Ihre eigene Trauerfeier. Sie sehen, wer gekommen ist, um von Ihnen Abschied zu nehmen, und Sie erkennen genau den Ausdruck in den Gesichtern der Anwesenden.

2. Denken Sie bei dieser Übung gründlich nach! Für jeden der folgenden Fragenkomplexe wählen Sie nach reiflicher Überlegung nur die wichtigsten sechs Personen aus.

3. Investieren Sie besonders viel Zeit in die Beantwortung der Frage nach dem Warum.

■ **Wer wird zu Ihrer Beerdigung kommen? Warum?**

Wer? _____ Warum?_____

Wer? _____ Warum?_____

Wer? _____ Warum?_____

Wer? _____ Warum?_____

Wer? _____ Warum?_____

Wer? _____ Warum?_____

■ **Wer wird nicht zu Ihrer Beerdigung kommen? Warum?**

Wer? _____ Warum?_____

Wer? _____ Warum?_____

Wer? _____ Warum?_____

Wer? _____ Warum?_____

Wer? _____ Warum?_____

Wer? _____ Warum?_____

■ Wer wird wirklich trauern? Warum?

Wer? _____ Warum? _____

Wer? _____ Warum? _____

Wer? _____ Warum? _____

Wer? _____ Warum? _____

Wer? _____ Warum? _____

Wer? _____ Warum? _____

■ Wer aus Ihrem engsten Kreis wird nicht trauern? Warum?

Wer? _____ Warum? _____

Wer? _____ Warum? _____

Wer? _____ Warum? _____

Wer? _____ Warum? _____

Wer? _____ Warum? _____

Wer? _____ Warum? _____

Heureka!

_____

_____

_____

_____

(Tragen Sie hier bitte ein, was Sie für sich durch diese Prüfung erkannt haben.)

III. Prüfungszyklus

1. Ihre schönsten Träume

Zeitetat: 30 Minuten

1. Gönnen Sie sich für diese Prüfung einige Zeit, während der Sie Ihre Gedanken treiben lassen – vielleicht unterstützt von schöner Musik. Und dann: Zeit zum Träumen ... Welche Wünsche und Visionen sind in dieser Traumwelt Wirklichkeit geworden?

2. Beschreiben Sie die Träume, von denen Sie glauben, daß sie sich niemals verwirklichen werden. Platz haben Sie hier für sechs Ihrer Wunschträume, wenn's mehr sein sollten, nehmen ein zusätzliches Blatt Papier dazu.

3. Auch wenn Sie dabei vielleicht über Ihre Phantasien lachen müssen – setzen Sie sich keine Grenzen. Lösen Sie sich ganz vom Hier und Jetzt.

▶ 1. Traum: _____

_____

_____

_____

▶ 2. Traum: _____

_____

_____

_____

▶ 3. Traum:

_____

_____

_____

▶ 4. Traum:

_____

_____

_____

▶ 5. Traum:

_____

_____

_____

▶ 6. Traum:

_____

_____

_____

Heureka!

_____

_____

_____

(Tragen Sie hier bitte ein, was Sie für sich durch diese Prüfung erkannt haben.)

2. Die Verhinderer der Traumverwirklichung

Zeitetat: 30 Minuten

1. Träume sind Schäume? Nein, Träume sind die Vorboten der Realität! Was also hindert Sie an der Verwirklichung Ihrer Träume?

2. Fragen Sie sich einmal, warum Sie glauben, daß sich Ihre Träume nur teilweise oder gar nicht erfüllen lassen.

3. Begründen Sie Ihre Annahme möglichst konkret.

▶ 1. Traum: _____

_____

_____

_____

▶ 2. Traum: _____

_____

_____

_____

▶ 3. Traum: _____

_____

_____

_____

▶ 4. Traum:

_____

_____

_____

▶ 5. Traum:

_____

_____

_____

▶ 6. Traum:

_____

_____

_____

Heureka!

_____

_____

_____

(Tragen Sie hier bitte ein, was Sie für sich durch diese Prüfung erkannt haben.)

3. Wo fühlen Sie sich wohl?

Zeitetat: 30 Minuten

1. Jeder Mensch hat bestimmte Orte, die ihm ein besonderes Wohlgefühl vermitteln.
2. Bitte nennen Sie drei Orte, die Sie mit angenehmen Gefühlen verbinden. Erklären Sie, warum das so ist.
3. Bei dieser Prüfung kommt es wieder einmal besonders darauf an, daß Sie nicht lange nachdenken. Arbeiten Sie zügig und spontan.

▓ Beispiel

Orte	Warum?
In meinem Garten unter dem alten Apfelbaum	Weil ich dort mit mir und der Welt im Einklang bin
Auf unserer Ferieninsel	Weil ich dort mit meinem Partner am glücklichsten bin

▓ An welchen Orten fühlen Sie sich besonders wohl?

Orte	Warum?

Das Seepferdchen

Es war einmal ein Seepferdchen, das eines Tages seine sieben Taler nahm und in die Ferne galoppierte, sein Glück zu suchen. Es war noch gar nicht weit gekommen, da traf es einen Aal, der zu ihm sagte: „Psst. Hallo, Kumpel. Wo willst du hin?!" „Ich bin unterwegs, mein Glück zu suchen", antwortete das Seepferdchen stolz. „Da hast du's ja gut getroffen", sagte der Aal, „für vier Taler kannst du diese schnelle Flosse haben, damit kannst du viel schneller vorwärts kommen." „Ei, das ist ja prima", sagte das Seepferdchen, bezahlte, zog die Flosse an und glitt mit doppelter Geschwindigkeit von dannen. Bald kam es zu einem Schwamm, der es ansprach: „Hallo, wo willst du hin?" „Ich bin unterwegs, mein Glück zu suchen", antwortete das Seepferdchen. „Prima", sagte der Schwamm, „für ein kleines Trinkgeld überlasse ich dir dieses Boot mit Düsenantrieb; damit könntest du viel schneller reisen." Da kaufte das Seepferdchen das Boot mit seinem letzten Geld und sauste mit fünffacher Geschwindigkeit durch das Meer. Bald traf es einen Haifisch, der zu ihm sagte: „Psst. Hallo, wo willst du hin?" „Ich bin unterwegs, mein Glück zu suchen", antwortete ihm stolz das Seepferdchen. „Das hast du ja gut getroffen; wenn du diese kleine Abkürzung machen willst", sagte der Haifisch und zeigte auf seinen geöffneten Rachen, „sparst du eine Menge Zeit." „Ei, vielen Dank", sagte das Seepferdchen und sauste in das Innerste des Haifisches, um verschlungen zu werden.

Heureka!

(Tragen Sie hier bitte ein, was Sie für sich durch diese Prüfung erkannt haben.)

4. Wann fühlen Sie sich wohl?

Zeitetat: 30 Minuten

1. So wie bestimmte Orte, hat jeder Mensch auch Tages- oder Jahreszeiten, zu denen er sich sehr wohl fühlt.
2. Bitte nennen Sie jetzt drei Zeitpunkte, zu denen es Ihnen besonders gut geht.
3. Erklären Sie auch diesmal ohne lange nachzudenken, warum das so ist.

■ **Beispiel**

Zeiten	Warum?
Frühmorgens, kurz nach Sonnenaufgang	Weil der Tag verheißungsvoll und frisch vor mir liegt
Im Herbst, an sonnigen Tagen	Weil die Luft so klar und die Welt so bunt ist

■ **Zu welchen Zeiten fühlen Sie sich besonders wohl?**

Zeiten	Warum?

Auf der Suche nach Wahrheit

Ein russischer Philosoph war einmal Gast eines Klosters und hatte sein Gespräch mit einem der Mönche bis spät in die Nacht ausgedehnt. Er wollte in seine Zelle zurückkehren, trat auf den Gang, wo die Türen zu den Zellen alle gleich und alle geschlossen waren. Es gelang ihm in der Dunkelheit nicht, die Tür seiner Zelle zu finden. Andererseits war es in der Dunkelheit unmöglich, in die Zelle des Mönches, die er verlassen hatte, zurückzugehen. Aber er wollte während des strengen Stillschweigens in der Nacht auch niemanden stören. Somit beschloß er, die Nacht damit zu verbringen, den Korridor des Klosters, der plötzlich geheimnisvoll ungastlich geworden war, in Gedanken vertieft langsam auf und ab zu schreiten. Die Nacht war lang und beschwerlich, aber schließlich ging sie vorüber, und der erste Schimmer der Morgenröte erlaubte es dem Philosophen, die Türe seiner Zelle ohne weiteres zu finden, an welcher er mehrere Male vorübergegangen war, ohne sie zu erkennen. Und er meinte dazu: Denen, die Wahrheit suchen, ergeht es oft so. Sie gehen im Laufe ihrer Nachtwachen ganz nahe an ihr vorbei, ohne sie zu finden, bis dann der Strahl der Sonne kommt.

Heureka!

(Tragen Sie hier bitte ein, was Sie für sich durch diese Prüfung erkannt haben.)

Wann fühlen Sie sich wohl?

5. Wann und wo fühlen Sie sich nicht wohl?

Zeitetat: 40 Minuten

1. Sicherlich fühlen Sie sich aber an einigen Orten und zu manchen Zeiten nicht gerade gut.
2. Schreiben Sie jetzt auf, an welchen drei Orten und zu welchen drei Zeitpunkten Sie sich nicht wohl fühlen.
3. Und wie in den beiden Prüfungen zuvor, begründen Sie auch hier bitte wieder, warum das so ist.

Beispiel

Orte	Warum?
In der Innenstadt	Weil die Luft dort sehr schlecht ist.
Zeiten	**Warum?**
Wenn es im Winter regnet	Weil dem Tag dann vollends die Helligkeit fehlt.

Auf die Brille kommt es an

„Du siehst so unzufrieden aus", bemerkte ein Eimer zu seinem Kameraden, als sie zum Brunnen kamen. „Ach", meinte der andere, „ich dachte gerade daran, wie nutzlos es ist, immer neu gefüllt zu werden, wenn wir doch immer wieder leer zurückkommen." „Na so was", sagte der erste, „so habe ich das noch gar nicht gesehen. Ich freue mich immer über den Gedanken, daß wir, obgleich wir leer kommen, doch immer gefüllt wieder weggehen."

◼ An welchen Orten fühlen Sie sich nicht wohl?

Orte	Warum?

◼ Zu welchen Zeiten fühlen Sie sich nicht wohl?

Zeiten	Warum?

Heureka!

_____

_____

_____

_____

(Tragen Sie hier bitte ein, was Sie für sich durch diese Prüfung erkannt haben.)

6. Die Grabrede

Zeitetat: 15 Minuten

1. Stellen Sie sich bitte noch einmal Ihr Begräbnis vor. Wie es in unserer Gesellschaft nun einmal üblich ist, wird die Trauerzeremonie beim Ableben eines Menschen von einer Grabrede begleitet.

2. Welchen Wortlaut könnte die Grabrede enthalten, die bei Ihrem Ableben gehalten wird? Wie werden Sie als Mensch geschildert? Welche Ihrer Handlungen und Erfolge werden besonders erwähnt?

3. Schreiben Sie auf, was Sie glauben, daß ein anderer in diesem Falle über Sie sagen würde.

_____

_____

_____

_____

_____

_____

_____

_____

_____

_____

_____

_____

_____

_____

_____

_____

_____

_____

_____

_____

_____

_____

Heureka!

_____

_____

_____

_____

(Tragen Sie hier bitte ein, was Sie für sich durch diese Prüfung erkannt haben.)

7. Spaß an der Arbeit

Zeitetat: 40 Minuten

1. In dieser Übung bewerten Sie die Aufgabenbereiche Ihres Berufs. Zunächst geben Sie in der Spalte „Basisaufgaben" die Hauptaufgaben Ihres Arbeitsplatzes an.
2. Daneben schreiben Sie die dazugehörenden Detailaufgaben.
3. In der dritten Spalte bewerten Sie die Detailaufgaben auf einer Skala von 1 bis 10.
   Dabei bedeutet: 10 = macht unheimlich viel Spaß
                        5 = alles Routine, aber irgendwie kriege ich es hin
                        1 = macht gar keinen Spaß, ich hasse diese Aufgabe

■ Beispiel

1. Basisaufgabe	Detailaufgaben	Bewertung
Personalführung	Aufgaben verteilen	– 1 2 ⨯3 4 5 6 7 8 9 10 +
	motivieren	– 1 2 3 4 5 6 7 8 ⨯9 10 +
	Beurteilungs-gespräche führen	– 1 2 3 4 ⨯5 6 7 8 9 10 +

Und wieviel Spaß macht Ihnen der Job?

1. Basisaufgabe	Detailaufgaben	Bewertung
		− 1 2 3 4 5 6 7 8 9 10 +
		− 1 2 3 4 5 6 7 8 9 10 +
		− 1 2 3 4 5 6 7 8 9 10 +
		− 1 2 3 4 5 6 7 8 9 10 +
		− 1 2 3 4 5 6 7 8 9 10 +
		− 1 2 3 4 5 6 7 8 9 10 +
2. Basisaufgabe	Detailaufgaben	Bewertung
		− 1 2 3 4 5 6 7 8 9 10 +
		− 1 2 3 4 5 6 7 8 9 10 +
		− 1 2 3 4 5 6 7 8 9 10 +
		− 1 2 3 4 5 6 7 8 9 10 +
		− 1 2 3 4 5 6 7 8 9 10 +
		− 1 2 3 4 5 6 7 8 9 10 +
3. Basisaufgabe	Detailaufgaben	Bewertung
		− 1 2 3 4 5 6 7 8 9 10 +
		− 1 2 3 4 5 6 7 8 9 10 +
		− 1 2 3 4 5 6 7 8 9 10 +
		− 1 2 3 4 5 6 7 8 9 10 +
		− 1 2 3 4 5 6 7 8 9 10 +
		− 1 2 3 4 5 6 7 8 9 10 +

Heureka!

_____

_____

_____

_____

(Tragen Sie hier bitte ein, was Sie für sich durch diese Prüfung erkannt haben.)

IV. Prüfungszyklus

1. Die Glücksmomente in Ihrem Leben

Zeitetat: 50 Minuten

1. Wählen Sie zuerst sehr ruhige Musik aus, die Sie besonders gern mögen; die Spieldauer sollte etwa 30 bis 40 Minuten betragen. Sorgen Sie dafür, daß Sie während dieser Prüfung niemand stören wird. Dann nehmen Sie ein Blatt und einen Schreibstift und setzen sich bequem hin. Sie schalten die Musik ein ..., schließen die Augen ... und lassen die Gedanken in die Vergangenheit schweifen.

2. Denken Sie einmal zurück an die Glücksmomente in Ihrem Leben. Momente, in denen Sie sich unendlich wohl gefühlt haben, glücklich und zufrieden waren oder Stolz fühlten über einen Erfolg. Sobald Ihnen ein solches Glückserlebnis einfällt, öffnen Sie die Augen und schreiben es auf. Danach schließen Sie abermals die Augen und forschen weiter nach. Gehen Sie dabei soweit in Ihre Vergangenheit zurück, bis Sie alle Glückmomente erfaßt haben.

3. Anschließend übertragen Sie die gefundenen Situationen in die nachstehende Tabelle und begründen Ihre Gefühle. Schreiben Sie auch Situationen auf, die Sie zwar noch nicht erlebt haben, die aber in Ihrer Vorstellung Glück für Sie bedeuten.

▨ Welche Situationen gaben/geben Ihnen das Gefühl von Glück?

Situation	Warum?

Heureka!

_____

_____

_____

_____

(Tragen Sie hier bitte ein, was Sie für sich durch diese Prüfung erkannt haben.)

2. Ihre Mißerfolge

Zeitetat: 40 Minuten

1. Jetzt wird es unangenehm: Begeben Sie sich für einige Zeit noch einmal in Ihre Erinnerung, und denken Sie an Situationen oder Ereignisse, in denen Sie Unglück oder Mißerfolg empfunden haben.

2. Schreiben Sie Ihre Erinnerungen stichwortartig nieder, und wenn Sie glauben, sich an nichts Unangenehmes mehr erinnern zu können, übertragen Sie die Situationen in die Tabelle und schreiben eine Begründung für Ihr Empfinden dazu.

3. Auch hier dürfen Sie wieder Situationen oder Ereignisse aufschreiben, die Sie zum Glück noch nicht erlebt haben, die Sie aber für sich persönlich als Mißerfolg und Unglück ansehen würden.

■ **Welche Situationen haben bei Ihnen das Gefühl von Unglück und/oder Mißerfolg ausgelöst oder würden es auslösen?**

Situation	Warum?

Heureka!

_____

_____

_____

_____

(Tragen Sie hier bitte ein, was Sie für sich durch diese Prüfung erkannt haben.)

3. Der Sinn Ihres Lebens

Zeitetat: ca. 30 Minuten

1. Es gibt Menschen, die so intensiv nach dem Sinn ihres Leben suchen, daß sie darüber vergessen, ihrem Leben einen Sinn zu geben. Sie werden jetzt sicherlich nicht mehr zu diesen Menschen gehören. Denn mit all den Erinnerungen an Glück und Unglück, Erfolg und Mißerfolg wird sich die Frage nach dem Sinn Ihres Lebens fast zwangsläufig ergeben.

2. Ziehen Sie sich an einen ruhigen Ort zurück, an dem Sie über diese Frage für einige Minuten ungestört nachdenken können.

3. Dann schreiben Sie ohne lange zu überlegen, aber trotzdem so präzise wie möglich auf, welchen tieferen Sinn Sie in Ihrem Leben sehen.

Jeder Tag ein kostbarer Schatz

Eine persischen Sage erzählt von einem Mann, der am Strand des Meeres entlanggeht und ein Säckchen voller kleiner Steine findet. Achtlos läßt er die Steine durch seine Finger gleiten und schaut dabei aufs Meer. Er beobachtet die zahlreichen Möwen, die auf den Wellen schaukeln, und wirft übermütig mit den Steinchen nach den Vögeln. Spielerisch schleudert er die kleinen Dinger ins Meer, und eines nach dem anderen versinkt in den Wogen. Einen einzigen Stein behält er in der Hand und nimmt ihn mit nach Hause. – Groß wird sein Schrecken, als er beim Schein des Herdfeuers in dem unscheinbaren Stein einen herrlich funkelnden Diamanten erblickt. Wie gedankenlos hat er den ungeheuren Schatz verschleudert. Er eilt zum Strand zurück, die verlorenen Diamanten zu suchen. Doch vergebens, sie liegen unerreichbar auf dem Meeresgrund verborgen. Keine Selbstanklage und Reue, keine Tränen und Vorwürfe können ihm den achtlos weggeworfenen Schatz zurückgeben.

▨ Der Sinn Ihres Lebens

_____

_____

_____

_____

_____

_____

_____

_____

_____

_____

_____

_____

_____

_____

Heureka!

_____

_____

_____

_____

(Tragen Sie hier bitte ein, was Sie für sich durch diese Prüfung erkannt haben.)

4. Berufsplanung

1. Schon als Kind hatten Sie wahrscheinlich bestimmte Vorstellungen über Ihren künftigen Broterwerb. Wobei Sie damals weniger an die Verdienstmöglichkeiten dachten und Ihre Vorstellungen auch selten mit dem tatsächlichen Berufsalltag übereinstimmten. Schreiben Sie mit Angabe der Gründe in die erste Tabelle, welche Berufe das waren.

2. Allerdings gibt es auch Berufe, die für Sie niemals in Frage kämen. Die tragen Sie ebenfalls mit einer Begründung in die zweite Tabelle ein.

3. Auch heute noch werden Sie immer wieder mit Berufen konfrontiert, von denen Sie glauben, daß deren Ausübung Ihnen Spaß machen könnte. Schreiben Sie in die dritte Tabelle, welche Berufe Sie jetzt noch interessierten. Wichtig ist auch hier das Warum.

▓ Was ich werden wollte

Beruf	Warum?

■ Was ich nicht werden wollte

Beruf	Warum?

■ Was ich jetzt noch gerne werden würde

Beruf	Warum?

Heureka!

_____

_____

_____

_____

(Tragen Sie hier bitte ein, was Sie für sich durch diese Prüfung erkannt haben.)

5. Mit den Augen der Mitmenschen

Zeitetat: 30 Minuten

1. Zu welchen fünf Menschen haben Sie mindestens einmal im Monat oder häufiger Kontakt? Schreiben Sie die Namen dieser Menschen auf, und stellen Sie sich die Personen dabei bildlich vor.

2. Alle diese Menchen haben sich ein Bild über Sie gemacht. Wie, glauben Sie, werden Sie von ihnen wahrgenommen? Welcher Typ Mensch sind Sie in den Augen der fünf Genannten?

3. Überlegen Sie dann, was Sie für diese Menschen wertvoll macht.

Mit welchen fünf Menschen haben Sie mindestens einmal im Monat oder häufiger Kontakt?

1. _____

2. _____

3. _____

4. _____

5. _____

■ Was für ein Typ sind Sie in den Augen dieser Menschen? Wie werden Sie von ihnen wahrgenommen?

1. _____

2. _____

3. _____

4. _____

5. _____

■ Was macht Sie für diese Menschen wertvoll?

1. _____

2. _____

3. _____

4. _____

5. _____

Heureka!

_____

_____

_____

_____

(Tragen Sie hier bitte ein, was Sie für sich durch diese Prüfung erkannt haben.)

6. Die liebsten Menschen

Zeitetat: ca. 50 Minuten

1. Bei dieser Prüfung ist es hilfreich, daß Sie sich Ihre Lebenssphäre wie eine Zielscheibe aufgebaut vorstellen. Im Zentrum befinden Sie sich selber. Um Sie herum gibt es drei Kreiszonen. Sie bewerten in dieser „Zielscheibe", welche Personen Ihnen am nächsten sind, wen Sie mit welcher Intensität mögen. Um diese Entscheidung zu erleichtern, beantworten Sie zuerst die vier nachstehenden Fragen, ohne jedoch eine Bewertung vorzunehmen.

2. Dann wählen Sie die Menschen aus, die Sie am liebsten mögen, und ordnen sie den einzelnen Kreisen zu. Die Menschen, an denen Ihnen am meisten liegt, gehören in den ersten Kreis, die Sie am zweitliebsten mögen in den zweiten Kreis, die restlichen in den dritten Kreis.

3. Nehmen Sie anschließend die Namen der sieben Ihnen am nächsten stehenden Personen und tragen sie in die Tabelle ein. Zusätzlich begründen Sie bitte, warum Sie wen mit welcher Intensität mögen.

Vier Fragen vorab:

■ **Mit wem arbeiten Sie gerne zusammen?**

_____

_____

_____

_____

_____

■ **Mit wem gehen Sie gerne aus?**

_____

_____

_____

_____

_____

■ **In Gegenwart welcher Menschen fühlen Sie sich wohl?**

_____

_____

_____

_____

_____

■ **Mit wem verbringen Sie gerne Ihre Zeit?**

_____

_____

_____

_____

_____

■ Der „Ich-mag-dich"-Kreis

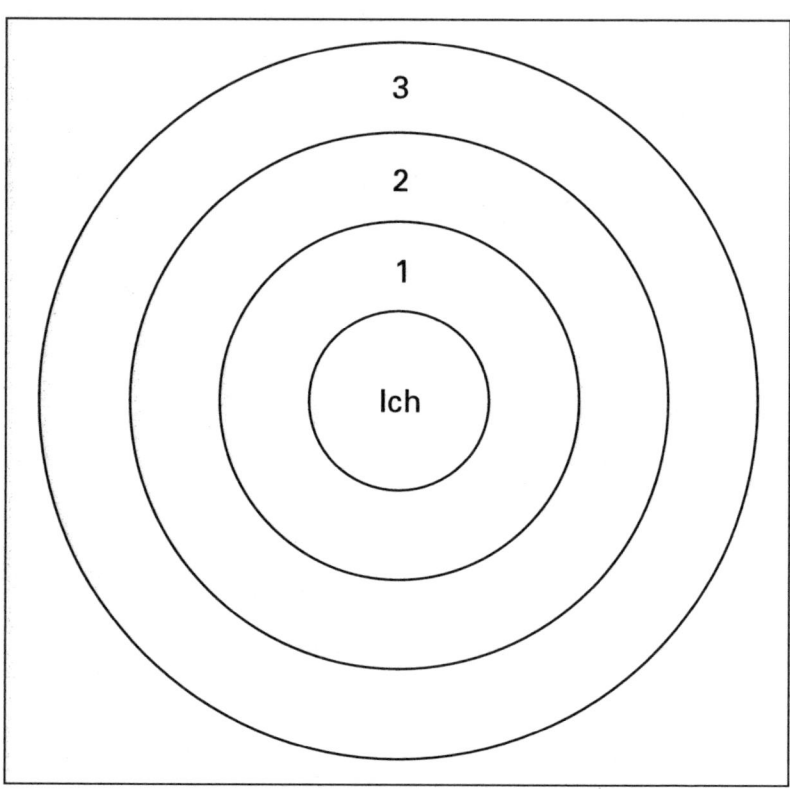

■ Welche Menschen stehen Ihnen am nächsten und warum?

Name	Warum?

Heureka!

_____

_____

_____

_____

(Tragen Sie hier bitte ein, was Sie für sich durch diese Prüfung erkannt haben.)

7. Die unangenehmsten Menschen

Zeitetat: 50 Minuten

1. Arbeiten Sie bei dieser Prüfung in der gleichen Weise wie in der vorherigen. Beantworten Sie zuerst die vier nachstehenden Fragen, auch diesmal ohne vorab zu bewerten.

2. Dann ordnen Sie die Menschen in den Kreis ein. Diejenigen, die Sie überhaupt nicht mögen, in deren Nähe Sie sich unwohl fühlen, gehören in den ersten Kreis, diejenigen, die Ihnen unsympathisch sind, die Sie aber ertragen können, in den zweiten Kreis. Und die, die Ihnen allgemein nicht besonders sympathisch, aber eigentlich gleichgültig sind, setzen Sie in den dritten Kreis.

3. Dann schreiben Sie die Namen der Menschen, die Ihnen am unangenehmsten sind, in die Tabelle ein und begründen auch hier Ihr Empfinden.

Vier Fragen vorab:

■ **Mit welchen Menschen arbeiten Sie ungern zusammen?**

_____

_____

_____

_____

_____

■ Mit wem gehen Sie ungern aus?

_____

_____

_____

_____

_____

■ Mit wem fühlen Sie sich nicht wohl?

_____

_____

_____

_____

■ Mit wem verbringen Sie ungern Ihre Zeit?

_____

_____

_____

_____

Der „Ich-mag-dich-nicht"-Kreis

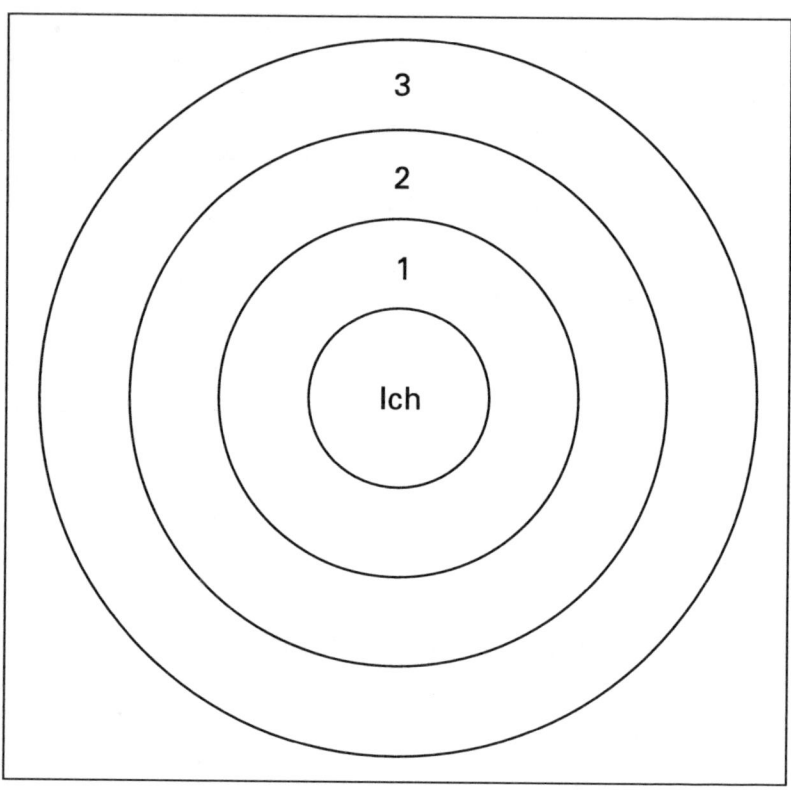

Welche sieben Menschen mögen Sie am wenigsten und warum?

Name	Warum?

Heureka!

_____

_____

_____

_____

(Tragen Sie hier bitte ein, was Sie für sich durch diese Prüfung erkannt haben.)

Die unangenehmsten Menschen 121

V. Prüfungszyklus

1. Positive Gedanken

Zeitetat: 50 Minuten

1. Überlegen Sie einmal, was Sie an sich selbst mögen. Welche positiven Gedanken gelten Ihrer eigenen Person? Schreiben Sie auf einem Blatt all das auf, was Sie an sich schätzen.

2. Suchen Sie aus all dem Guten die sechs Gedanken heraus, die Ihnen am wichtigsten sind, und tragen Sie diese in die Tabelle ein.

3. In die Spalte „Begründung" schreiben Sie die Auswirkungen dieser positiven Eigenschaften oder Fähigkeiten.

▨ Beispiel

Positiver Gedanke	Begründung
Ich bin lernbegierig.	Wenn ich etwas Neues kennenlerne, möchte ich möglichst viel darüber erfahren. Das hat mir bei meinem beruflichen Erfolg sehr geholfen.

Ungleiche Boten

Der Adler hörte einst viel Rühmens von der Nachtigall und hätte gerne Gewißheit gehabt, ob alles auf Wahrheit beruhe. Darum schickte er den Pfau und die Lerche aus, sie sollten das Federkleid der Nachtigall betrachten und ihren Gesang belauschen. Als sie wiederkamen, sprach der Pfau: „Der Anblick ihres erbärmlichen Kittels hat mich so verdrossen, daß ich ihren Gesang gar nicht gehört habe." Die Lerche sprach: „Ihr Gesang hat mich so entzückt, daß ich vergaß, auf ihr Federkleid zu achten."

Positiver Gedanke	Begründung

Heureka!

_____

_____

_____

_____

(Tragen Sie hier bitte ein, was Sie für sich durch diese Prüfung erkannt haben.)

2. Negative Gedanken

Zeitetat: 30 Minuten

1. Wahrscheinlich kennen Sie an sich selbst auch Eigenschaften, die Sie nicht besonders schätzen. Um diese geht es jetzt.

2. Nehmen Sie wieder ein Blatt Papier, und notieren Sie darauf alles, was Ihnen an sich selbst nicht gefällt.

3. Dann unterstreichen Sie auf Ihrer Liste die sechs für Sie schwerwiegendsten negativen Eigenschaften, übertragen sie in die Tabelle und nennen zur Begründung eine möglichst konkret formulierte Auswirkung.

▓ Beispiel

Negativer Gedanke	Begründung
Ich bin zu ungeduldig.	Wenn einer meiner Mitarbeiter eine Aufgabe nicht schnell genug erledigt, reiße ich sie ihm aus der Hand und mache es selber.

Die Einstellung ist entscheidend

Ein junger Mann bediente einen Kraftmesser und erreichte eine Leistung von 51 Kilo. Nun versetzte ihn ein Psychologe in Hypnose und redete ihm ein, er sei sehr müde, schwach und erschöpft. Unter diesem Eindruck erreichte er an seinem Meßgerät nur 14,5 Kilo. Selbstverständlich wurde auch die Gegenprobe gemacht. Das Ergebnis: Der Zeiger des Kraftmessers kletterte auf 71 Kilo.

Negativer Gedanke	Begründung

Heureka!

_____

_____

_____

(Tragen Sie hier bitte ein, was Sie für sich durch diese Prüfung erkannt haben.)

3. Verwandlung der negativen Gedanken

Zeitetat: 30 Minuten

1. Wenn Sie etwas an sich selbst nicht mögen, dann wissen Sie wahrscheinlich genau, wie Sie statt dessen gerne wären oder handeln würden.

2. Nehmen Sie die ungeliebten Eigenschaften der vorhergehenden Übung und wandeln Sie sie in ihr positives Gegenteil um.

3. Auch dazu schreiben Sie zur Begründung eine konkrete Auswirkung der Umkehrung.

■ Beispiel

Positive Umkehrung	Auswirkung
Ich bin geduldig.	Wenn einer meiner Mitarbeiter eine Aufgabe nicht schnell genug erledigt, spreche ich ihn darauf an. Wir setzen gemeinsam einen Termin für die Bearbeitung fest, und ich gebe notfalls Hilfestellung.

Positive Umkehrung	Auswirkung

_____

_____

_____

_____

(Tragen Sie hier bitte ein, was Sie für sich durch diese Prüfung erkannt haben.)

4. Bilanz Ihrer Berufstätigkeit

Zeitetat: ca. 40 Minuten

1. Wie sehen Sie Ihr derzeitiges Berufsleben? Lassen Sie das letzte Jahr Revue passieren, und gehen Sie dabei gedanklich Ihre Arbeitsbereiche durch. Vielleicht nützt es, wenn Sie vorab Ihre Funktionen auf einem Extrablatt auflisten.

2. Dann beantworten Sie die nachstehenden Fragen. Aber lassen Sie dabei weder die Vorfreude auf einen eventuellen Karrieresprung in drei Monaten noch den Ärger mit dem Chef in der vergangenen Woche mit einfließen.

3. Und auch hier schreiben Sie bitte wieder eine Begründung dazu.

Die Geschichte vom Baum und vom Vogel

Es geschah einmal, daß aus der Erde eine kleine Pflanze emporwuchs. Sie freute sich so über das Licht und die Luft, daß sie sich mit allen Kräften entfaltete und größer und größer wurde. Ja, bald konnte man sehen, wie ein kleiner Baum dastand, mit zarten Zweigen und Blättern, in einem wunderschönen Grün. Eines Tages ließ das Bäumchen seine Blätter traurig hängen, und auch die kleinen Äste neigten sich zur Erde. Ein Vogel, der in dieser Gegend gerne in den Zweigen der Bäume sang, merkte das, flog auf einen der Äste und fragte den jungen Baum, was geschehen sei. „Ach", klagte er, „ich will nicht mehr weiter wachsen. Wenn ich alle die schönen, großen, starken Bäume um mich sehe, wie sie ihre mächten Zweige gegen den blauen Himmel recken, dann denke ich: Das schaffst du nie!" Der Vogel wiegte sich eine Weile auf dem biegsamen Ast, während er nachdachte. Dann sagte er: „Du mußt Geduld haben. Jeden Tag bekommst du soviel Sonne, Regen und Wind, wie du gerade brauchst. Nimm das und sei zufrieden! Alles andere wird sich von selbst finden."

■ Was stört Sie an Ihrer jetzigen Tätigkeit?

Was?	Warum?

■ Was gefällt Ihnen besonders gut an Ihrer jetzigen Tätigkeit?

Was?	Warum?

Heureka!

_____

_____

_____

_____

(Tragen Sie hier bitte ein, was Sie für sich durch diese Prüfung erkannt haben.)

5. Warum?

Sie haben Sie sich über viele Tage intensiv mit Ihren Wünschen, Gedanken, Gefühlen, mit Ihren Stärken, Ihrem Beruf und Ihren Mitmenschen auseinandergesetzt. Und ich bin fast sicher, daß sich einige der Ziele, die Sie vorher hatten, verändert haben. Manche haben sich in Luft aufgelöst, andere sind statt dessen hinzugekommen. Jetzt geht es darum, diese Ziele konsequent zu hinterfragen. Denn nur, wenn sie stimmig sind mit Ihrer Persönlichkeit, wenn sie bei der Entwicklung Ihrer Talente dienlich sind, werden Sie den faszinierenden Weg gehen können, den ich Ihnen versprochen habe.

Entscheidend für die Zielerreichung ist, daß ein wirklicher innerer Entschluß vorliegt, eine klare Absicht. Wenn Sie nicht genau begründen können, warum Sie etwas tun wollen, dann wird Ihre Kraft nicht ausreichen. Sie werden weder die Selbstdisziplin noch die Ausdauer haben, um wirklich zu Ihrem Ziel zu gelangen. Es muß eine Herzenskraft dahinterstehen, die klipp und klar sagt: Deswegen! Und die Antwort muß schnell kommen. Zögerliche Antworten wie: „Ich möchte, aber ich weiß noch nicht ganz sicher", oder: „Der Grund ist eigentlich ..., aber ich denke mir ... ", werden Sie mit Sicherheit daran hindern, die ganze Energie in ein Ziel zu stecken. Überlegen Sie sich in diesem Fall, ob Sie vielleicht einem anderen etwas beweisen möchten, sei es dem Partner, einem Freund oder dem Chef. Oder wollen Sie jemandem nacheifern? Vielleicht orientieren Sie sich auch nur an gesellschaftlichen Normen?

Wenn Sie keine klare Begründung für das Erreichen eines Zieles finden, ist es vielleicht wirklich unwichtig für Sie. Doch prüfen Sie vorher noch einmal genau: Ist dieses Ziel ein notwendiger Schritt, um Sie der übergeordneten Vision näherzubringen? Was steht Ihnen zur Verfügung, um es doch erreichen zu können? Vielleicht sind Sie nur blockiert, weil Sie glauben, niemals genügend Kraft und Ressourcen aufzubringen und ganz bestimmt nicht das nötige Talent zu haben, um dieses Ziel zu verwirklichen.

1. Schreiben Sie in der linken Spalte alle Ziele auf, und stellen Sie absolut sicher, warum Sie diese Ziele erreichen wollen. Was bringen sie Ihnen genau? Die Antwort auf die Frage nach dem Warum ist der Gradmesser der Identifikation mit Ihren Zielen.

2. Je konkreter Sie das Warum hinterfragen, um so besser werden Sie sich mit dem Ziel identifizieren können. Die Begründung, ein Ziel bloß darum erreichen zu wollen, weil Sie dann erfolgreich sind oder sich einen Traum erfüllt haben, reicht also nicht aus.

3. Bombardieren Sie jedes Ziel mit der Frage nach dem Warum. Der nützliche Nebeneffekt dabei ist: Je umfassender Sie ein Ziel begründen können, um so klarer werden Sie erkennen, wie Sie es erreichen werden.

Ziele	Warum?

Heureka!

_____

_____

_____

_____

(Tragen Sie hier bitte ein, was Sie für sich durch diese Prüfung erkannt haben.)

6. Die größten beruflichen Stärken

Zeitetat: ca. 40 Minuten

1. Welche besonderen Begabungen, Fähigkeiten und Stärken kommen Ihnen im Beruf zugute?

2. Schreiben Sie die drei wichtigsten auf.

3. Auch diesmal geht es nicht ohne Begründung. Also: Wie wirken sich diese Stärken auf Ihr Berufsleben aus?

Auf den Blick kommt es an

Ein anerkannter Schriftsteller erzählte an seinem 80. Geburtstag im Rückblick auf sein Leben: „Von Kind an war ich nur 30 Prozent arbeitsfähig. Bis zu meinem 40. Lebensjahr habe ich mit meinem Schicksal gehadert und mich bemitleidet. Mein Leben blieb unfruchtbar. Dann kam die Wende. Mein Arzt lehrte mich, mit Hilfe meiner Frau mein Leben anders zu sehen. Ich lernte, mein Leben mit meiner Behinderung anzunehmen. Von da an habe ich gesagt: „Ich bin noch 30 Prozent arbeitsfähig. Und diese 30 Prozent habe ich genutzt." Sein Leben wurde fruchtbar. Er wurde ein bedeutender Schriftsteller und Philosoph.

▣ Beispiel

Berufliche Stärke	Auswirkung
Ich bin ordnungsliebend, gewissenhaft und pünktlich.	Meine Kollegen schätzen meine Zuverlässigkeit und Sorgfalt.

▣ Und wie sieht es mit Ihren Stärken aus?

Berufliche Stärke	Auswirkung

Heureka!

_____

_____

_____

(Tragen Sie hier bitte ein, was Sie für sich durch diese Prüfung erkannt haben.)

7. Was wollen Sie wirklich?

Zeitetat: 50 Minuten

1. Um das Warum noch näher zu hinterfragen, können Sie mit der folgenden Prüfung Ihre Zielsetzungen sehr genau erforschen.

2. Drei Fragen werden jeweils zehnmal wiederholt, wobei die letzte Antwort eines Fragenblocks gleichzeitig die erste des nächsten ist.

3. Eine kleine Schwierigkeit gibt es allerdings: Sie dürfen eine Antwort nicht zweimal geben, und Sie müssen durchhalten bis zum zehnten Fragenblock!

■ Beispiel

Nehmen wir an, eines Ihrer Ziele hieße „Zufriedenheit im Alltag". Dann könnten die ersten drei Schritte so aussehen:

Frage	Antwort
Was wollen Sie wirklich? Was wollen Sie dafür tun? Welche Erfahrung sind Sie bereit, dabei zu machen?	Zufriedenheit. Ausprobieren, was Freude macht. Neues und Unbekanntes zu erfahren.
Was wollen Sie wirklich? Was wollen Sie dafür tun? Welche Erfahrung sind Sie bereit, dabei zu machen?	Neues und Unbekanntes erfahren. Ungewohnte Aufgaben übernehmen. Meine Grenzen kennenlernen.
Was wollen Sie wirklich? Was wollen Sie dafür tun? Welche Erfahrung sind Sie bereit, dabei zu machen?	Meine Grenzen kennenlernen. Herausforderungen annehmen. Die Angst zu überwinden.

■ Nun sind Sie an der Reihe. Welches Ziel empfinden Sie als wichtig, ohne genau zu wissen, was Sie damit anstreben wollen?

Frage	Antwort
Was wollen Sie wirklich? Was wollen Sie dafür tun? Welche Erfahrung sind Sie bereit, dabei zu machen?	
Was wollen Sie wirklich? Was wollen Sie dafür tun? Welche Erfahrung sind Sie bereit, dabei zu machen?	
Was wollen Sie wirklich? Was wollen Sie dafür tun? Welche Erfahrung sind Sie bereit, dabei zu machen?	
Was wollen Sie wirklich? Was wollen Sie dafür tun? Welche Erfahrung sind Sie bereit, dabei zu machen?	
Was wollen Sie wirklich? Was wollen Sie dafür tun? Welche Erfahrung sind Sie bereit, dabei zu machen?	

Frage	Antwort
Was wollen Sie wirklich? Was wollen Sie dafür tun? Welche Erfahrung sind Sie bereit, dabei zu machen?	
Was wollen Sie wirklich? Was wollen Sie dafür tun? Welche Erfahrung sind Sie bereit, dabei zu machen?	
Was wollen Sie wirklich? Was wollen Sie dafür tun? Welche Erfahrung sind Sie bereit, dabei zu machen?	
Was wollen Sie wirklich? Was wollen Sie dafür tun? Welche Erfahrung sind Sie bereit, dabei zu machen?	
Was wollen Sie wirklich? Was wollen Sie dafür tun? Welche Erfahrung sind Sie bereit, dabei zu machen?	

Die Geschichte vom eiligen Mann

Einmal war ein Mann so eilig, daß er am liebsten gar keine Zeit für irgend etwas brauchen wollte. Morgens lief er aus dem Haus und sprang in den Autobus. Aber der Autobus fuhr ihm viel zu langsam. An der nächsten Haltestelle sprang der Mann wieder auf die Straße und rannte vor dem Autobus her. An der Kreuzung war gerade die Ampel rot, aber der Mann hatte gar keine Zeit, irgend etwas zu merken. Er rannte weiter. Die Autos hupten, die Leute schrien. Aber das hat der Mann nicht mehr gehört. Er war schon an der nächsten Straßenkurve, und vor Eile lief er einfach geradeaus weiter, mitten durch ein Haus! Eine Familie wollte gerade frühstücken, und der Mann sprang über den Tisch und warf die Tassen und Teller hinunter, und schon war er wieder zum Fenster hinaus. Er hatte auch gar keine Zeit: „Entschuldigen Sie bitte!" zu sagen. Jetzt war er in einem Hof, der ringsum hohe Mauern hatte. Der Mann übersah vor Eile das Tor und rannte mit dem Kopf gegen die Mauer. Aber er hatte ja keine Zeit, über irgend etwas nachzudenken, darum drehte er sich einfach nur um und eilte wieder zurück: durch das Haus, über die Kreuzung und die Straße entlang, bis er auf einmal wieder zu Hause war. Da wunderte er sich!

Heureka!

_____

_____

_____

(Tragen Sie hier bitte ein, was Sie für sich durch diese Prüfung erkannt haben.)

VI. Prüfungszyklus

1. Die gute Fee

Zeitetat: ca. 10 Minuten

1. Stellen Sie sich einmal vor, eine Fee stünde plötzlich vor Ihnen und fragte Sie nach Ihren größten Wünschen. Sie wissen doch, in der Märchenwelt ist alles möglich. Welche Wünsche kämen Ihnen dann in den Kopf?

2. Denken Sie gut nach, denn Sie wissen: Feen sind unbestechlich, und ein einmal geäußerter Wunsch wird sich erfüllen. Auch dann, wenn damit ungewollte Begleiterscheinungen verbunden sind.

3. Schreiben Sie Ihre drei wichtigsten Wünsche auf. Entscheiden Sie sich also nicht spontan, denken Sie etwas nach.

Der Prinz und sein Schatten

Ein reicher Prinz liebte schöne Kleider, goldene Spangen und kostbare Ringe. So geschmückt zeigte er sich nur am Morgen, wenn die Sonne ihm ins Angesicht schien, seinem Volke, und er war glücklich, wenn alles funkelte und glänzte und die Menschen ihm zujubelten. Einmal trat der Prinz am späten Nachmittag vor sein Volk. Die Sonne stand in seinem Rücken, und der junge Mann sah zum ersten Mal seinen eigenen Schatten. Da überkam ihn ein unbändiger Zorn. Sofort ließ er sein Pferd satteln. Er wollte fort. Als Prinz konnte er nicht einemLand herrschen, über das sein Schatten fiel. Er wollte da leben, wo es keinen Schatten gibt. So ritt er davon. Er reitet noch heute.

▓ Welche Wünsche nennen Sie der Fee?

Ihr 1. Wunsch:
_____
_____
_____
_____

Ihr 2. Wunsch:
_____
_____
_____
_____

Ihr 3. Wunsch:
_____
_____
_____
_____

Heureka!

_____
_____
_____
_____

(Tragen Sie hier bitte ein, was Sie für sich durch diese Prüfung erkannt haben.)

2. Ihre größten Stärken

Zeitetat: 30 Minuten

1. Schreiben Sie jetzt spontan Ihre sechs größten Stärken auf. Was läßt Sie glauben, daß Sie diese Stärken haben? Begründen Sie sie!

2. Dann bitten Sie einen vertrauten Menschen darum, daß er aufschreibt, welche Stärken er an Ihnen wahrnimmt und wodurch sie sich äußern.

3. Anschließend vergleichen Sie Ihre Aussagen mit denen, die er notiert hat.

■ Beispiel

Stärke	Begründung
Ich bin ein guter Freund.	Wenn es einem meiner Freunde schlecht geht, bin ich für ihn da.
Ich bin diszipliniert.	Ich erledige anstehende Arbeiten sofort und sorgfältig.

Sie trägt eine Perle in sich

Eine Auster klagt der anderen: „Ich habe Schmerzen; es ist, als trüge ich eine Kugel aus Blei in meinem Leib. Was soll daraus werden …?" Die andere Auster erwidert stolz: „Ich fühle mich kerngesund, bin munter und fidel. Du wirst an deiner Kugel noch sterben; ich habe das Leben noch vor mir." Ein Krebs, der dem Gespräch der beiden gelauscht hat, meint: „Was verstehst du, stolze Auster, schon vom Leben? Du meinst, Jugend, Schönheit und Gesundheit seien alles. Sie hat Schmerzen, aber sie trägt eine Perle in sich."

■ Was sind Ihre Stärken? Wie begründen Sie sie?

Stärke	Begründung

■ Welche Stärken, die Sie nicht genannt haben, hat Ihr Vertrauter aufgeschrieben? Womit wurden sie begründet?

Stärke	Begründung

Heureka!

_____

_____

_____

_____

(Tragen Sie hier bitte ein, was Sie für sich durch diese Prüfung erkannt haben.)

3. Die Resultate Ihrer Stärken

Zeitetat: 40 Minuten

1. Nehmen Sie noch einmal Ihre sechs Stärken und überlegen Sie, zu welchen Resultaten, die für Ihr Weiterkommen wichtig sind, diese Stärken geführt haben.

2. Vielleicht sind die Resultate Ihrer Stärken nun aber nicht ganz so zufriedenstellend, wie Sie es sich wünschen. Tragen Sie in der zweiten Tabelle ein, in welchen Bereichen Ihres Lebens Sie unzufrieden sind und wie sich das äußert. Wo könnten Sie Ihrer Meinung nach mehr mit Ihrer Stärke erreichen?

3. Schreiben Sie daneben, wie diese Bereiche aussähen, wenn sich alles zu Ihrer Zufriedenheit änderte.

■ Beispiel

Stärke	Resultat
Ich bin diszipliniert.	Dank meiner Disziplin habe ich auch ohne Studium einen gutbezahlten Job.

Unzufriedenheit	Zufriedenheit
Obwohl es eine meiner Stärken ist, aufmerksam und liebevoll mit meinem Partner umzugehen, spüre ich zu selten seine Zuneigung.	Liebe und Zärtlichkeit sind ein wesentlicher Bestandteil unseres gemeinsamen Lebens.

■ Zu welchen Resultaten haben Ihre Stärken geführt?

Stärke	Resultat

■ Die Veränderung der Unzufriedenheit

Unzufriedenheit	Zufriedenheit

Heureka!

_____

_____

_____

_____

(Tragen Sie hier bitte ein, was Sie für sich durch diese Prüfung erkannt haben.)

4. Spiegelgespräche

Zeitetat: 15 Minuten

1. Stellen sich bitte vor einen Spiegel, und schauen Sie dem Menschen, der Ihnen jetzt gegenübersteht, tief in die Augen. Erzählen Sie ihm von Ihren Stärken, sagen Sie ihm, was Sie können, und begründen Sie es.

2. Ihr Spiegelbild ist ein strenger Kritiker. Es reagiert sofort, wenn eine Ihrer Aussagen nicht stimmig ist. Achten Sie darauf! Sobald Sie nicht authentisch sind, wird sich das in seinem Ausdruck widerspiegeln.

3. Sollte das der Fall sein, formulieren Sie Ihren Satz so lange um, bis das Spiegelbild Ihnen wieder freundlich und entspannt in die Augen sieht.

Ein Baum erzählt

„Als ich noch kleiner war, merkte ich nichts. Aber als ich dann heranwuchs und mich selbst betrachtete, fiel mir der Unterschied auf. Ich war klein, knorrig, ein wenig krumm und verwachsen. Die anderen Bäume, die ich sehen konnte, waren dagegen prächtig: machtvolle Buchen mit einer riesigen Krone, hohe schlanke Tannen und Bergahorn, der im Herbst herrlich gelb leuchtete. Ich stehe, müßt ihr wissen, an einer Felswand auf einem schmalen Vorsprung und habe meine Wurzeln in das bißchen Erde und in die Felsritzen gekrallt. Ich träumte davon, groß und schön zu werden; meine Krone sollte sich im Wind wiegen, der Regen meine Blätter streicheln und die Sonne sie wieder trocknen. Aber ich blieb klein. Der Wind fegte durch meine Äste, wenn er auf die Felswand zublies, und die Sonne wärmte mich nur bis zum Mittag, bevor sie hinter die Felswand verschwand, um nur die Bäume im Tal und am gegenüberliegenden Berghang zu bescheinen. Warum mußte ich gerade hier stehen? Aus dem bißchen Erde konnte ich nicht genug Kraft schöpfen, um her-

---

anzuwachsen und all meine Schönheit, die doch in mir steckt, zu entfalten. Ich war unzufrieden mit meinem Schicksal. Warum mußte ich so sein und so werden?

Eines Tages an einem schönen Vorfrühlingsmorgen, als die Erde vom Tal bis zu mir herauf duftete, die Singdrosseln ihr Lied begannen und mich die allerersten Sonnenstrahlen küßten, durchrieselte es mich warm und wohlig. Was für eine herrliche Aussicht! So weit wie ich konnte kaum ein anderer Baum ins Tal und in die Ferne sehen. Die Felswand hinter mir beschützte mich vor der eisigen Kälte, die vom Gletscher herunterweht. Von diesem Tag an begann ich nachzudenken, und langsam wurde mir klar: Ich bin, so wie ich bin, etwas Besonderes. Meine Besonderheit ist mein krummer Stamm, sind meine knorrigen Wurzeln, meine kurzen, kräftigen Äste. Ich passe hier an meinen Platz und bin etwas wert. Ich muß nur die Augen aufmachen und mich richtig ansehen. Die anderen Bäume, die Tannen am Hang gegenüber und die Buchen im Tal, haben ihre Schönheit und sind am richtigen Platz, wo sie stehen. Aber auch ich habe meinen Platz und stehe richtig auf meinem Felsvorsprung. Warum hat es nur so lange gedauert, bis ich das erkannt habe?"

Heureka!

_____

_____

_____

_____

(Tragen Sie hier bitte ein, was Sie für sich durch diese Prüfung erkannt haben.)

5. Einem Freund die Stärken sagen

Zeitetat: 60 Minuten

1. Erzählen Sie Ihrem besten Freund von Ihrer wichtigsten Lebensvision. Schildern Sie ihm, warum Sie glauben, diese Vision auf jeden Fall zu verwirklichen. Welche Stärken nützen Ihnen dabei? Welche Talente unterstützen Sie? Welche Ziele müssen Sie erreichen, um dieser Vision Schritt für Schritt näherzukommen?

2. Bitten Sie Ihren Freund, möglichst kritisch auf Ihre Aussagen zu reagieren. Jedes Ziel wird mit einem „Warum?" hinterfragt, jedes Talent, jede Stärke mit einem „Na und?" abgetan. Jedes Argument wird mit einem Gegenargument vom Tisch gefegt.

Das mag manchmal schmerzhaft oder frustrierend sein, ist aber sehr hilfreich, wenn es darum geht zu erkennen, wie weit Talente und Visionen und die daraus abgeleiteten Ziele mit Ihrem Wesenskern übereinstimmen.

3. Gehen Sie dann gemeinsam mit diesem Freund an einen Ort, an dem Sie nach Herzenslust schreien dürfen. Und aus vollem Hals rufen Sie dann in die Welt, was Sie erreichen werden und welche Stärken ud Talente Sie dabei unterstützen. Ihr Freund hat jetzt die Aufgabe, darauf zu achten, daß Sie nicht nur leise und verschämt vor sich hinmurmeln, sondern wirklich aus Leibeskräften und mit strahlendem Gesicht der Welt Ihre Überzeugung kundtun.

Wenn Sie in der Nähe eines rauschenden Flusses wohnen, um so besser! Brüllen Sie so laut wie möglich gegen das Wasser an.

Zeichne mir einen Hahn!

Ein chinesischer Kaiser hörte von einem großen Künstler, der sich auf Tuschezeichnungen verstand. Er stand von seinem Thron auf, und mit allen um ihn herum besuchte er den Künstler. „Zeichne mir einen Hahn", sagte der Kaiser, „ich mag Hähne." Dies versprach der Künstler. Und der Kaiser kehrte zurück und setzte sich wieder auf seinen Thron. Nach drei Jahren erinnerte sich der Kaiser an den Künstler und fragte nach dem Hahn. Niemand wußte etwas darüber. Da stand der Kaiser wieder von seinem Thron auf, und mit allen um ihn herum besuchte er den Künstler. Er wollte ihn zur Rechenschaft ziehen. „Wo ist die Tuschezeichnung, die ich in Auftrag gab? Einen Hahn solltest du mir zeichnen, denn ich mag Hähne." „Nun ja, dein Hahn", erwiderte der Künstler. Und er nahm ein großes Blatt und zeichnete in wenigen Augenblicken einen wunderschönen Hahn. Der Kaiser war zufrieden. Über den Preis allerdings war er erschrocken. „In wenigen Augenblicken zeichnest du mühelos einen Hahn und willst so viel Geld haben?" Da nahm ihn der Künstler mit und führte ihn durch sein Haus. In allen Räumen lagen große Papierstöße mit Zeichnungen – und auf allen Blättern Hähne. „Siehst du", sagte der Künstler, „der Preis ist gerecht. Was dir so mühelos und einfach erscheint, das hat mich viel gekostet. Über drei Jahre habe ich gebraucht, um dir in wenigen Augenblicken diesen Hahn zu zeichnen."

Heureka!

_____

_____

_____

_____

(Tragen Sie hier bitte ein, was Sie für sich durch diese Prüfung erkannt haben.)

6. Ihre größten Schwächen

Zeitetat: 20 Minuten

1. Was halten Sie für Ihre größten Schwächen?
2. Meist sehen wir unsere Schwächen als etwas an, was man dringend verändern sollte. Aber: Gerade in den Schwächen liegen häufig viele Chancen und Möglichkeiten. Welche Chancen sehen Sie in Ihren Schwächen?
3. Und dennoch: Wenn Sie diese Schwächen gegen etwas anderes eintauschen könnten, was würde Sie zufrieden machen?

Weil er nutzlos war

Ein Zimmermann und sein Lehrling gingen miteinander durch einen großen Wald. Als sie auf einen riesengroßen, wunderschönen alten Eichbaum stießen, fragte der Zimmermann seinen Lehrling: „Weißt du, weshalb der Baum so groß, so knorrig, so alt und so wunderschön ist?" Der Lehrling schaute seinen Meister an und sagte: „Nein ... warum?" „Deshalb", sagte der Zimmermann, „weil er nutzlos war. Wäre er brauchbar gewesen, dann wäre er schon lange gefällt und zu Tischen und Stühlen verarbeitet worden. Aber weil er unbrauchbar war, konnte er so groß und so wunderschön werden, daß man sich nun in seinen Schatten setzen und sich unter ihm erholen kann."

Schwäche	Chancen	Zufriedenheit

Heureka!

_____

_____

_____

_____

(Tragen Sie hier bitte ein, was Sie für sich durch diese Prüfung erkannt haben.)

7. Ihre Wunsch-Stärken

Zeitetat: 30 Minuten

1. Nach all den bisherigen Überlegungen wünschen Sie jetzt vielleicht andere Stärken, als die, die Sie an sich selbst erkennen.

2. Schreiben Sie auf, welche sechs Stärken Sie sich am meisten wünschen und welche Resultate Sie glauben, damit zu erzielen.

3. Fragen Sie sich anschließend, was Sie an der Entwicklung der gewünschten Schwächen hemmt. Worin sehen Sie die größten Hindernisse?

Gewünschte Stärke	Resultat

Gewünschte Stärke	Hindernis

Heureka!

_____

_____

_____

_____

(Tragen Sie hier bitte ein, was Sie für sich durch diese Prüfung erkannt haben.)

VII. Prüfungszyklus

1. Ein zerknülltes Blatt Papier

Zeitetat: 45 Minuten

1. Nehmen Sie irgendein Blatt Papier und zerknüllen Sie es. Dann legen Sie es vor sich hin und betrachten es ungefähr zehn Minuten lang, um es anschließend auf mindestens fünf Seiten zu beschreiben.
2. Allerdings nicht aus Ihrer Sicht, sondern aus der Sicht des zerknüllten Papiers. Welche Gedanken und Gefühle aus der Vergangenheit, in der Gegenwart und für die Zukunft hat das Papier?
3. Hier ist Ihre Phantasie gefragt. Vergessen Sie also einmal das rationale Denken. Schreiben Sie spontan all das auf, was Ihnen einfällt, wenn Sie sich vorstellen, Sie seien das Blatt Papier.

Auflösung

Wahrscheinlich interessiert es Sie zu erfahren, was diese Prüfung mit Ihnen zu tun hat. Nun, in dieser wie in den folgenden zwei Prüfungen geht es um das Erkennen Ihrer Gedankenstruktur.

Fühlt sich das Papier unwohl, weil es jetzt häßlich und zerknittert auf dem Tisch liegt? Empfindet es gar eine große Hilflosigkeit, weil es sich den kräftigen Händen, die ihm eine neue Form aufdrängten, nicht widersetzen konnte? Oder: Freut es sich, daß es nicht länger ein langweiliges Blatt Papier wie alle anderen ist, sondern daß etwas Neues und Einmaliges aus ihm entstanden ist? Und die kleine Spitze, die seitlich herausragt, findet es sogar besonders lustig. Vielleicht aber auch: „Es interessiert mich gar nicht, was mit mir gemacht wurde und was aus mir entstanden ist. Papier ist Papier, ob als glatter Bogen oder als zerknülltes Blatt."

Welche Gedanken haben Sie in das Papier hineininterpretiert? Positive, negative oder neutrale? Diese Gedanken haben natürlich etwas mit Ihnen zu tun: Sie entsprechen Ihrer Gedankenwelt, Ihrer Innenwelt. Nicht umsonst heißt es: Du bist, was du denkst.

Unterstreichen Sie nun jede positive Aussage mit Grün, jede neutrale mit Blau, jede negative mit Rot. Sie werden schnell erkennen, welche Gedanken in Ihnen vorherrschen. Sollten es überwiegend negative sein, dann ist es angebracht, daß Sie sich so oft wie möglich die Zeit nehmen, die Gedanken zu hinterfragen, die Ihnen im Laufe des Tages durch den Kopf gehen. Denn niemand wird seinen Lebensweg mit Freude und Faszination gehen, wenn er schon den kleinsten Regentropfen dafür verantwortlich macht, daß der Tag vermiest ist. Und wenn die negativen Gedanken Ihrer eigenen Person gelten, wie können Sie dann selbstsicher und zuversichtlich Ihre Talente entfalten und Ihre Ziele erreichen? Und noch etwas: Negative Gedanken gehen einher mit negativen Gefühlen. Und die Summe negativer Gefühle ist der Auslöser so mancher Krankheit.

Heureka!

_____

_____

_____

_____

(Tragen Sie hier bitte ein, was Sie für sich durch diese Prüfung erkannt haben.)

2. Das Objekt

Zeitetat: 90 Minuten

1. Auch bei dieser Prüfung ist Ihre Phantasie gefragt. Diesmal gebe ich Ihnen allerdings nicht vor, in was Sie sich hineinversetzen sollen, diesmal dürfen Sie selbst wählen. Zwei Bedingungen gibt es allerdings: Sie müssen hinausgehen in die freie Natur (und damit meine ich nicht Ihren Balkon oder die Terrasse). Und Sie sollten alleine sein, um zu vermeiden, daß durch die Unterhaltung mit einem anderen Menschen fremde Gedanken einfließen.

2. Mit einem Stift und einem Schreibblock suchen Sie sich einen Ort, an dem Sie sich wohl fühlen. Dann wählen Sie ein Objekt, das Ihnen sympathisch ist. Das kann ein von Menschen geschaffener Gegenstand oder ein Naturobjekt sein. Wenn Sie eines gefunden haben, nehmen Sie sich konsequent eine halbe Stunde Zeit, um es zu beobachten und sich hineinzuversetzen. Stellen Sie sich vor, daß Sie selbst das Objekt seien.

3. Auch bei dieser Übung sollen Sie keine einfache Gegenstandsbeschreibung geben. In der nächsten halben Stunde beschreiben Sie aus der Perspektive des gewählten Objektes seine Umwelt. Wie fühlt es sich? Was findet es gut, was schlecht? Wie war seine Vergangenheit? Wie wird seine Zukunft sein? Wie fühlt es sich im Moment? Nochmals: Sie sollen das Objekt nicht aus Ihrer Sicht beschreiben. Sie sind jetzt das Objekt!

■ Auflösung

Sie ahnen es wohl schon: Auch bei dieser Prüfung ging es nicht um das Objekt, sondern wiederum um Sie, um Ihre innere Welt. Vielleicht ist das von Ihnen ausgewählte Objekt eine Eiche, die stolz darauf ist, schon seit Jahrzehnten an der gleichen Stelle zu stehen. Ihre stabilen Wurzeln geben ihr die Sicherheit, daß sie auch noch in weiter Zukunft dort stehen wird – dauerhaft und unveränderlich. Oder haben Sie sich für das kleine Bächlein entschieden, immer unterwegs und immer Neues erlebend?

Auch hier ist es wieder sinnvoll, die positiven, negativen oder neutralen Gedanken zu beleuchten. Denn die Eiche könnte sich auch unwohl fühlen, weil einer ihrer Äste beim letzten Sturm abgeknickt wurde, oder neidisch auf die kleine Birke sein, die in einiger Entfernung steht.

Aber es kommt noch etwas hinzu: Durchforsten Sie doch einmal Ihre Vergangenheit. Weckt das Objekt, das Sie sich für diese Prüfung ausgesucht haben, vielleicht die Erinnerung an ein Erlebnis aus der Vergangenheit? Wenn Sie feststellen, daß es da tatsächlich etwas gibt, dann vergleichen Sie Ihre Beschreibung des Objektes einmal mit den Gefühlen, die Sie bei dem erinnerten Erlebnis hatten. Sollten Sie jetzt Übereinstimmungen feststellen, werden Sie wohl nicht mehr so leicht behaupten: „Die Gedanken sind frei."

Heureka!

_____

_____

_____

_____

(Tragen Sie hier bitte ein, was Sie für sich durch diese Prüfung erkannt haben.)

3. Der Gegenstand

1. Nehmen Sie sich einige Minuten Zeit für einen gemächlichen Rundgang durch Ihre Wohnung. Welche Gegenstände fallen Ihnen auf, von denen Sie der Meinung sind, daß sie zu Ihnen passen?

2. Wählen Sie einen dieser Gegenstände aus. Dann nehmen Sie ihn mit zu einem bequemen Platz und nehmen sich wieder einige Minuten Zeit, um ihn zu betrachten.

3. Begründen Sie anschließend, warum Sie ausgerechnet diesen Gegenstand ausgesucht haben. Was hat er mit Ihnen zu tun? Warum glauben Sie, daß er zu Ihnen paßt?

▧ Auflösung

Diesmal hinterfragen Sie nicht die möglichen Gedanken des Gegenstandes, diesmal geht es ganz konkret um Sie selbst. Wenn Sie ehrlich mit sich selbst umgehen, brauchen Sie kein Psychologie-Studium, um Ihre Innenwelt kennenzulernen.

Geben Sie sich bitte nicht mit der Aussage zufrieden, daß der Bleistift deshalb zu Ihnen passe, weil er ebenso schlank ist wie Sie. Damit kommen Sie nicht weiter. Die Antwort, daß Sie deshalb den Bleistift gewählt haben, weil Ihr Großvater seine wunderschönen Gedichte mit einem Bleistift niederschrieb, ist da schon ein besserer Ansatzpunkt. Allerdings ist die Frage, warum Sie glauben, daß ein Bleistift zu Ihnen paßt, auch damit nicht erschöpfend beantwortet.

Hilfestellung kann Ihnen bei dieser Prüfung niemand geben. Denn nur Sie können ergründen und begründen, warum Sie ausgerechnet diesen einen Gegenstand ausgesucht haben.

Und dafür kann alles Mögliche von Bedeutung sein: Die Farbe, die Form, der Sinn des Gegenstandes, ob Sie ihn selbst gekauft oder geschenkt bekommen haben, wer ihn geschenkt hat und zu welchem Anlaß, welche Erinnerungen mit ihm verbunden sind usw.

Erst alles zusammengenommen gibt eine ausreichende und aufschluß-reiche Begründung für die Wahl ausgerechnet dieses Gegenstandes.

Der Eilige

Der Berditschewer sah einen auf der Straße eilen, ohne rechts und links zu schauen. „Warum rennst du so?" fragte er ihn. „Ich gehe meinem Erwerb nach", antwortete der Mann. „Und woher weißt du", fuhr der Rabbi fort zu fragen, „dein Erwerb laufe vor dir her, daß du ihm nachjagen mußt? Vielleicht ist er dir im Rücken, und du brauchst nur innezuhalten, um ihm zu begegnen, aber du fliehst vor ihm."

Heureka!

_____

_____

_____

_____

(Tragen Sie hier bitte ein, was Sie für sich durch diese Prüfung erkannt haben.)

4. Wen bewundern Sie am meisten?

Zeitetat: 30 Minuten

1. Welche Menschen sind Ihnen besonders positiv aufgefallen? Das können Menschen aus Ihrer Umgebung sein, aber auch Politiker, Künstler, Wissenschaftler, Sportler, Manager, Persönlichkeiten, die Sie nur aus den Medien kennen. Nennen Sie bitte sechs Menschen, die Sie für sich als Vorbild sehen.

2. Häufig ist es aber gar nicht die Person, die bewundert wird, sondern deren Fähigkeiten. Das „Idol" verkörpert also meist einen Zustand oder eine Fähigkeit, die man sich selbst wünscht. Begründen Sie, warum Sie die von Ihnen genannten Personen bewundern.

3. Überlegen Sie anschließend, was Sie in sich entwickeln müssen, um das zu können, was das Vorbild kann.

Und nun eine kleine, provozierende Frage am Rande, die mit den Menschen, die Ihr Vorbild sind, nichts zu tun hat – eher das Gegenteil ist der Fall: Kann es sein, daß einer der Menschen, die Sie nicht mögen, etwas ereicht hat, was auch Sie anstreben, oder daß er Talente hat, die Sie selbst entfalten möchten? Nehmen Sie sich ruhig die Zeit, auch darüber einmal gründlich nachzudenken.

■ Wen bewundern Sie und warum?

Wen?	Warum?

Heureka!

_____

_____

_____

(Tragen Sie hier bitte ein, was Sie für sich durch diese Prüfung erkannt haben.)

Wen bewundern Sie am meisten? **165**

5. Ofenbank

Häufig saß mein Großvater auf seiner Ofenbank und sinnierte über sein Leben. Was hatte er in seinem Leben erreicht, was hat es ihn gekostet, und welchen Nutzen hat es ihm gebracht? Jede Zielerreichung ist mit einem persönlichen Vorteil oder Nutzen verbunden. Aber es kostet auch einen ganz bestimmten Preis, dorthin zu gelangen.

Überlegen Sie einmal, was es Sie kosten wird und wie schmerzhaft es sein wird, wenn Sie das Ziel, für das Sie sich entschieden haben, nicht erreichen. Wie wird sich Ihr Leben verändern, was werden Sie verlieren? Wenn Sie all Ihre Ersparnisse in das Ziel stecken, werden Sie mittellos dastehen, wenn Sie unterwegs aufgeben. Und wenn Sie das Abitur nachholen wollen, wird Sie das über einige Jahre einen Großteil Ihrer Freizeit kosten. Zudem ist Ihnen die Zeit, die Sie in ein Ziel investiert haben, für ein anderes verlorengegangen. Aber vielleicht wiegt es noch schwerer, daß Sie die Selbstachtung verlieren oder keinen Mut mehr haben, ein neues Ziel anzugehen.

Die „Ofenbank" ist eine angenehme Kosten/Nutzen-Rechnung: Was kostet es, ein Ziel zu erreichen, das mir nützlich ist? Aber fragen Sie sich doch einmal, was es kostet, ein Ziel nicht zu erreichen. Denn die Entscheidung für ein Ziel ist auch gleichzeitig die Entscheidung gegen ein anderes mögliches Ziel. Jedes Ziel hat seinen Preis. Sie müssen die Verantwortung dafür übernehmen und die Konsequenzen tragen.

Wenn es denn Ihr Herzenswunsch ist, in einem Jahr perfekt Spanisch zu sprechen – denn nur dann können Sie sich für die freiwerdende Auslandsstelle bewerben –, ordnen Sie ein anderes Ziel unter. Beispielsweise den Kauf einer Immobilie, wofür Sie vielleicht etliches an Mehrarbeit leisten müßten, um mehr Geld zu verdienen. Und dann besuchen Sie zweimal wöchentlich den anstrengenden Spanisch-Kurs. Natürlich bleibt Ihnen nun keine Zeit für die Mehrarbeit, denn die investieren Sie ja in den Sprachkurs. Doch nach einem halben Jahr glauben Sie, diese Sprache niemals zu lernen, und werfen den ganzen Kram hin. Das Resultat ist ein doppelter Verlust.

Wenn Sie wissen, was Sie investieren, und hinterfragen, welchen Verlust Sie zu erwarten haben, sollte diese Investition keine Früchte tragen, dann werden Sie wahrscheinlich mit sehr viel mehr Energie Ihre gesetzten Ziele angehen.

1. Nun dürfen Sie sich auf Ihre „Ofenbank" zurückziehen. Denken Sie ein Jahr in die Zukunft, wenn einige Ihrer Ziele verwirklicht sein werden. Welche Ziele sind das? Tragen Sie diese in die rechte Spalte ein, und schreiben Sie aus einer Sicht, als ob es schon geschehen sei, den Nutzen dazu. Dann überlegen Sie, welchen Preis es gekostet hat, dieses Ziel zu erreichen.

2. Nun gönnen Sie sich eine kurze Zeit der Überlegung: Wie werden Sie sich fühlen, wenn Sie dieses Ziel tatsächlich erreicht haben. Stimmt die Relation von Ziel, Nutzen und Preis?

3. In die zweite Tabelle tragen Sie bitte ein, welchen Verlust Sie zu erwarten haben, wenn Sie diese Ziele nicht erreichen.

Was kosten Ihre Ziele und was bringen Sie Ihnen?

Ihre Ziele	Nutzen	Preis

■ Welchen Verlust haben Sie zu erwarten, wenn Sie diese Ziele nicht erreichen?

Ihre Ziele	Verlust

Heureka!

_____

_____

_____

_____

(Tragen Sie hier bitte ein, was Sie für sich durch diese Prüfung erkannt haben.)

6. Reise in die Zukunft

Zeitetat: 60 Minuten

Diese Prüfungen ist besonders gut geeignet für die späten Abendstunden, wenn Sie sich von der Geschäftigkeit des Tages schon verabschiedet haben.

1. Schaffen Sie sich eine ruhige, entspannende Atmosphäre. Dann legen Sie sich hin, aber bitte nicht ins Bett, dort könnten Sie zu schnell einschlafen. Eine weiche Decke auf dem Fußboden ist geeigneter.

   Sie schließen die Augen und begeben sich gedanklich in das Hier und Jetzt. Erleben Sie mit allen Sinnen das Heute: Wie sehen Sie jetzt aus? Welche Kleidung tragen Sie? Wie ist Ihre Wohnung eingerichtet, Ihr Büroraum? Mit welchen Menschen haben Sie zu tun? Stellen Sie sich alles, was Sie umgibt, so intensiv wie möglich vor. Hören Sie die Klänge, die Sie dort umgeben, wo Sie sich vorstellen zu sein. Gibt es etwas zu riechen? Vielleicht können Sie auch etwas schmecken. Oder Sie fühlen einen Gegenstand, den Sie in der Hand halten.

   Sehen, hören, riechen und schmecken Sie die Gegenwart. Wenn Sie sie sinnlich ganz erfaßt haben, gehen Sie ein Jahr weiter in die Zukunft.

2. Sie in einem Jahr: Wie sehen Sie aus? Was haben Sie erreicht? Mit welchen Menschen haben Sie zu tun? In welcher Umgebung befinden Sie sich? Lassen Sie auch hier alle Sinne beteiligt sein.

   Wie wird sich dies alles nach zwei, drei, vier und fünf Jahren verändert haben? Erleben Sie jedes Mal die Zukunft, als wäre sie bereits Gegenwart.

Und dann springen Sie mit einem Satz noch einmal fünf Jahre weiter: Was wird sich in zehn Jahren verändert haben? Lassen Sie ein Bild der Zukunft vor sich entstehen. Wieder gehen Sie intensiv in Ihr inneres Erleben, und wieder gehören alle Sinnesempfindungen dazu.

3. Und nun wieder ein großer Sprung um zehn Jahre. 20 Jahre sind seit dem heutigen Tag vergangen. Stellen Sie sich vor, was sich in 20 Jahren verändert haben wird. Wie sehen Sie aus, und wie Ihre Umgebung? Was tun Sie in 20 Jahren, wohin haben Sie sich entwickelt? Nehmen Sie sich genügend Zeit, bis Sie Gerüche wahrnehmen, Farben und Formen sehen, Klänge hören ... Arbeiten Sie solange an dem inneren Bild, bis Sie sich vollkommen wohl fühlen, bis Sie spüren und aus tiefstem Herzen sagen können: Das ist es, was ich erreichen will.

Heureka!

_____

_____

_____

_____

(Tragen Sie hier bitte ein, was Sie für sich durch diese Prüfung erkannt haben.)

7. Tour

1. Nach soviel Arbeit an Ihrer Persönlichkeit haben Sie es verdient, ein paar Tage lang der gewohnten Umgebung den Rücken zu kehren, um genügend Zeit zu haben, das bisher Erarbeitete noch einmal zu reflektieren.

2. Erlauben Sie sich ein paar Tage Urlaub. Reisen Sie ins Gebirge oder ans Meer – jedenfalls an einen Ort, an dem Sie sich wohl fühlen und der Ihnen die Möglichkeit bietet, daß Sie sich wirklich ohne Ablenkung auf sich selbst besinnen können.

3. Nehmen Sie nichts mit außer dem, was Sie fürs tägliche Leben brauchen, und zusätzlich Ihr Brain Mapping, Radiergummi und Bleistift. Auf langen Spaziergängen oder in meditativen Ruhestunden können Sie jetzt noch einmal intensiv das Erarbeitete überdenken. Horchen Sie auf Ihre innere Stimme, und achten Sie auf die Gefühle, die aufkommen, wenn Sie an das Neue, an die Veränderung und an den Abschied von alten Gewohnheiten und Lebensprogrammen denken.

Nutzen Sie diese Urlaubstage als eine Zeit der inneren Sammlung und als eine außergewöhnliche Gelegenheit, Ihr Brain Mapping ohne Einflüsse und Ablenkungen von außen zu überarbeiten, zu korrigieren und zu vervollständigen.

Die Mitte liegt in dir

Es träumte ein Kind, es solle sich auf den Weg machen und die Mitte der Welt suchen. Da sagte es Vater und Mutter Lebewohl und zog in die Ferne. Nachdem es eine Weile gegangen war und in eine fremde Landschaft kam, fragte es einen Bauer nach dem Weg zur Mitte der Welt. „Da mußt du immer geradeaus gehen!" sagte dieser. Also ging das Kind einen geraden Weg und ließ sich durch nichts beirren. „Da muß du über das große Wasser hinweg!" sagte ihm

---

ein Fischer, als es schließlich ans Meer kam. Das Kind dachte, daß es eher an den Rand der Welt als in deren Mitte gekommen sei, und es zweifelte an seinem Weg. Es gab aber nicht auf, sondern suchte ein Schiff, mit dem es übersetzen konnte. „Da mußt du durch die Wüste hindurch!" sagte auf der anderen Seite des Meeres ein Derwisch. Aber die Wüste war tief und heiß. Das Kind ging einige Tagesreisen weit, dann traf es eine Karawane. „Wo geht es weiter zur Mitte der Welt?" fragte das Kind. „Es gibt keine Mitte", sagten die Kameltreiber, „wo immer du bist, bist du draußen." Das Kind ließ sich nicht beirren und ging weiter in die Wüste hinein. Schließlich begegnete es einem Einsiedler. „Wo geht es weiter zur Mitte der Welt?" fragte das Kind. „Die Mitte der Welt ist nicht hier und nicht da, sie ist überall." „Eine Mitte kann nicht überall sein", antwortete das Kind und zog seines Weges weiter. Nun begegnete es keinem Menschen mehr. Endlos weit dehnte sich der Sand, der Himmel spannte sich flimmernd darüber, unbarmherzig brannte die Sonne, nirgendwo war ein Richtpunkt als nur das Kind selbst inmitten der Einsamkeit. Da hielt es inne und dachte: Es lohnt sich nicht weiterzugehen; ob ich mich nun vor oder zurück, nach links oder nach rechts bewege, immer bin ich die Mitte der Welt. Und es setzte sich und weinte.

Heureka!

_____

_____

_____

_____

(Tragen Sie hier bitte ein, was Sie für sich durch diese Prüfung erkannt haben.)

Teil C
Die Visionen zum Wandel

1. Geheimnis des funktionierenden Denkens

Wenn Sie bei diesem Kapitel angelangt sind, haben Sie vielleicht einen Punkt erreicht, an dem Sie sagen: „Schön. Ich habe zwar mehr Klarheit über mich selbst gewonnen. Ich habe Aufschluß über meine Talente erlangt, eine faszinierende Vision entwickelt und daraus die entsprechenden Ziele abgeleitet. Nur: Mit den Resulaten, die ich erziele, bin ich immer noch nicht zufrieden. Irgend etwas scheint mich daran zu hindern, genau das zu tun, was ich als wichtig und richtig erkannt habe."

Wie lassen sich die Ergebnisse der Prüfungen zu einer zentralen Botschaft verdichten, die Ihr Leben trägt? Wie läßt sich der innere Fokus einstellen, so daß die Resultate der äußeren Welt mit der inneren übereinstimmen? Wie können Sie die Erkenntnisse aus den 49 Prüfungen in Ihr Leben integrieren?

Haben Sie noch etwas Geduld! Auch wenn Sie gespannt darauf warten, nun endlich durch das Leben Ihrer Talente zu greifbaren Ergebnissen zu kommen, möchte ich Sie bitten, sich mit der folgenden Aussage vertraut zu machen: Alles, was der menschliche Geist entwerfen kann, kann er auch erreichen. Was nichts anderes bedeutet, als daß Sie genau das bekommen, was Sie denken.

Ein Beispiel: Legen Sie einen sechs Meter langen Balken von ungefähr zehn Zentimeter Breite auf den Boden. Dann balancieren Sie hinüber. Kein Problem wahrscheinlich. Sie fallen nicht herunter, Sie denken nicht einmal daran, daß Sie herunterfallen könnten. Würden Sie auch dann noch über diesen Balken gehen, wenn er sich in zwei Meter Höhe befände oder über einen Fluß führte? Die wenigsten Menschen wären jetzt dazu bereit. Die Gedanken an das, was alles passieren könnte, limitieren die Tat.

Ein weiteres Beispiel soll Ihnen verdeutlichen, daß nicht nur die Tat und das Resultat von den Gedanken abhängen, sondern daß die Kraft der Gedanken auch Einfluß nimmt auf manchmal äußerst subtile Körperreaktionen. Sie kennen den Deltamuskel-Test? Halten Sie einen Arm rechtwinklig zur Seite, die Hand weist nach oben. Dann schließen Sie die Augen und denken an etwas sehr Erfreuliches. Nun bitten Sie jemanden zu versuchen, ohne große Kraftanstrengung Ihren

Arm mit einer Hand herunterzudrücken. Sie werden sehen, daß Sie mit nur leichtem Gegendruck Ihren Arm in dieser Position halten können. Wenn Sie dagegen währenddessen an etwas Negatives denken, vielleicht an ein trauriges Erlebnis, dann hat Ihr Übungspartner leichtes Spiel: Ohne große Anstrengung kann er Ihren Arm herunterdrücken. Das hat nichts damit zu tun, daß negative Gedanken mehr Konzentration erfordern als positive. Das hat nur damit zu tun, daß negative Gedanken den Körper schwächen.

Interessant wird dieser Test, wenn Sie ihn unabhängig von den eigenen Gedanken durchführen. Jede Wahrnehmung, auch wenn Sie ihr eine neutrale Bedeutung beimessen, kann Sie schwächen oder stärken. Versuchen Sie es mit den folgenden Bildern.

Strecken Sie den Arm wieder zur Seite, und lassen Sie von Ihrem Übungspartner die Kraft testen. Wenn er „stark" testet, Ihr Arm also dem Druck nicht nachgibt, schauen Sie auf das erste Bild:

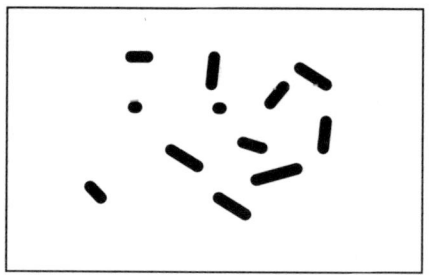

Das Ergebnis wird wahrscheinlich sein, daß Ihr Arm sich ohne Mühe niederdrücken läßt.

Nun schauen Sie auf dieses Zeichen:

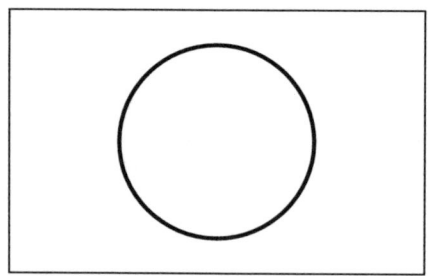

Höchstwahrscheinlich bleibt Ihr Arm jetzt oben.

Und was passiert bei diesen beiden Zeichen?

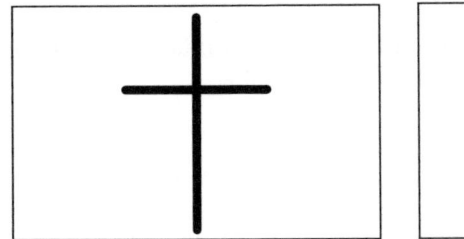 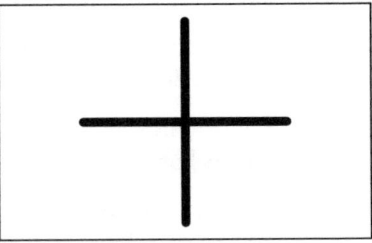

Das Kreuz der Christen wird eine schwächendere Wirkung auf Ihren Körper haben als das rechts abgebildete Bischofskreuz.

Sie fragen nach dem Zusammenhang? Nun, wie Sie gerade gemerkt haben, übertragen selbst so einfache Zeichen wie die abgebildeten eine feinstoffliche Schwingung, die Einfluß nimmt auf Ihre Kraft und Ihr Wohlbefinden. Und da ist es wohl mehr als plausibel, daß Ihre Energie um so stärker abnimmt, je mehr Negatives in Ihrem Kopf Platz findet.

Alles, was Sie wahrnehmen, wird bewertet, ob Sie es bewußt oder unbewußt tun. Und Sie reagieren darauf mit Ihren Gedanken. Möglicherweise folgt darauf das Wort, mit Sicherheit aber das Handeln, das Tun, dem am Ende das Resultat entspricht. Der Gedanke ist genauso Materie, genauso existent wie das Resultat, auch wenn Sie ihn im Gegensatz zum Resultat weder fühlen noch sehen können. Gedanken haben eine sehr feinstoffliche Energie, die sich in einem Ergebnis manifestiert. Kein Mensch wird glücklich sein, wenn er sich die meiste Zeit des Tages unglücklichen Gedanken widmet. Keiner kann erfolgreich sein, wenn sein Denken ihn nicht darin unterstützt. Sie können immer nur die Resultate erzielen, die Ihren Gedanken entsprechen.

Der Gedanke ist die Ursache allen Seins, er existiert und wird vielleicht nur mit einer Zeitverzögerung auf der materiellen Ebene sichtbar und spürbar. Das heißt, wenn Sie einmal in einer ganz bestimmten Art und Weise etwas denken, wird es so sein. Und wenn sie vorwiegend pessimistische Gedanken bevorzugen, wir Ihr Leben ein pessimistisches sein, in Langeweile und Schwarzmalerei verlaufen.

Sollten die folgenden Gedanken in Ihrem Kopf ein sicheres Zuhause haben, dann wird es in Ihrem Leben genau so aussehen:

- ▶ Das Leben ist ziemlich hart, und es macht so müde, daß für die Umsetzung der Ziele keine Kraft mehr bleibt.

- ▶ Außerdem muß man ziemlich viel arbeiten, um ein bißchen Vergnügen haben zu dürfen.

- ▶ Warum soll man überhaupt erfolgreich werden, denn daß Geld die Wurzel allen Übels ist, ist doch nur allzu bekannt.

- ▶ Und warum soll man sich abrackern, wenn man noch nicht einmal weiß, ob die Talente überhaupt ausreichen, um diese spinnerten Visionen verwirklichen zu können.

- ▶ Ab einem bestimmten Alter soll man von solchen Dingen eher die Finger lassen. Denn was Hänschen nicht lernt, lernt Hans nimmermehr.

- ▶ Und dann all das, was beginnt mit: Das kann ich nicht …, das geht nicht …, das ist falsch …, ist mir egal …, ich weiß nicht, wie das geht …, das kann nicht sein …

Wenn solche oder ähnliche Gedanken Ihnen sehr vertraut sind, ist es wieder einmal sinnvoll, darüber nachzudenken, ob diese Gedanken das Resultat Ihrer eigenen Erfahrungen und Überlegungen sind. Vermutlich nicht. Viel wahrscheinlicher ist, daß sie wie bestimmte Verhaltensweisen Ihnen von Kindheit an von anderen Menschen vorgegeben wurden, von den Eltern, den Verwandten, später von den Lehrern und von all den anderen Menschen, mit denen Sie häufig zu tun hatten und haben. Und wie ein Computer, der mit diesen Informationen gefüttert wird, nehmen Sie diese Meinungen an und handeln, reagieren und denken entsprechend. Eben wie ein Computer, der nichts anderes weiß, als das, was man ihm vorgegeben hat.

Mit solchen Denk-Vorgaben können Sie sich natürlich nicht nach Ihren persönlichen Bedürfnissen, Ihren Wünschen und Inspirationen richten. Vielmehr folgen Sie einer vorgeschriebenen Lebensgeschichte, die andere für Sie formuliert haben. Die seit der Kindheit antrainierten Verhaltensweisen und Denkmuster sind für erwachsene Menschen wertlos wie Einwegpackungen.

Wenn Sie also Lust auf ein glückliches, vitales, leidenschaftliches, erfolgreiches Leben haben wollen, denken Sie konsequent. Schicken Sie Ihre Gedanken wie Pfeile in die Richtung, die Sie gehen wollen. Die Kraft, gezielt zu denken, haben Sie. Sie brauchen sie nicht erst zu erlernen, Sie müssen nur Ihren Fokus richtig lenken. Ihre innere Kraft, diese unerschöpfliche Quelle der Lebensfaszination, möchte nichts lieber tun, als die Fesseln zu zerreißen, die sie begrenzen. Sie will nichts lieber als Ihre Vision mit Leben zu erfüllen.

Schauen Sie sich diesen Baum an:

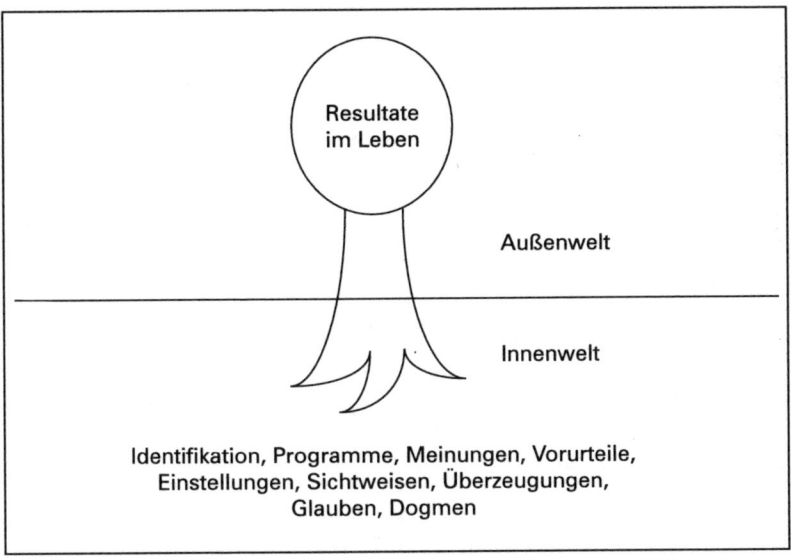

Aus den Wurzeln Ihrer Identifikation mit den Meinungen, Vorurteilen, Einstellungen, Sichtweisen, Überzeugungen, dem Glauben und den Dogmen, die Sie mit auf den Lebensweg bekommen haben, entwickkelt sich der Stamm entsprechend der Kraft, die in dieser Identifikation liegt. Und sollten die Programme der Vergangenheit und die daraus resultierenden Gedanken sich eher schwächend als stärkend auf Ihre Innenwelt auswirken, kann sich daraus auch nur ein schmächtiger Stamm bilden, der nicht fähig ist, eine mächtige Krone zu tragen.

Sie sind Akteur, Regisseur und Schöpfer Ihres Lebens. Sie erschaffen sich selber. Sie bestimmen mit Ihren Gedanken den Kurs Ihres Lebens. Wenn Sie das Leben mit einem Schiff vergleichen, dann sind Sie der Kapitän auf der Brücke. Seine Anweisungen, die Gedanken, gibt er weiter an das Unterbewußtsein, das im Maschinenraum sitzt und genau das tut, was ihm gesagt wird. Es sieht nicht, was los ist, es setzt nur die Kommandos präzise und gewissenhaft um, die ihm zugeleitet werden. Wehe, der Kapitän nutzt die Navigationsinstrumente nicht oder kennt sie noch nicht einmal! Er wird den Kurs nicht kennen und Anweisungen weiterleiten, die das Schiff irgendwo hinführen. Mit Sicherheit aber nicht dorthin, wo es eigentlich hätte ankommen können.

Wenn Sie Ihre Talente, die wichtigsten Navigationsinstrumente des Lebens, nicht nutzen, werden Sie Gedanken an das Unterbewußtsein weiterleiten, was Sie irgendwann einmal gelernt haben. Und das hat selten mit dem für Sie richtigen Kurs zu tun.

Hoffnung

Natürlich können Sie sich jetzt auch still in eine Ecke setzen und darauf hoffen, daß nach der harten Arbeit an den 49 Prüfungen die gewünschten Resultate wie von selbst eintreten werden. Irrtum! Hoffnung ist ein intellektuelles Beruhigungsmittel, ein genialer Selbstbetrug und das gefährlichste Gift für Ihre Ziele und Visionen.

Wer hofft, kann sich hinsetzen, die Hände in den Schoß legen und sich dem Gedanken hingeben, irgend jemand werde schon etwas tun. Wer immer auch dieser Jemand sein soll, mitunter wird man verdammt alt, bis man erkennt, daß die Hoffnung sich nicht erfüllen wird. Jede Reise beginnt mit dem ersten kleinen Schritt. Wer einzig und allein an das Erreichen der Ziele denkt, ohne einen Schritt zu unternehmen, wird auf der Strecke bleiben. Hoffen ist Untätigkeit, ist Ausharren, ist letztlich Selbstbetrug. Vergessen Sie das Wort Hoffnung.

Selbst wenn Sie Ihre Ziele mit großem Ernst hinterfragt und Ihr Brain Mapping höchst diszipliniert erarbeitet haben – es nützt alles nichts, wenn Sie jetzt darauf warten, daß andere, vielleicht bis hin zur höchsten göttlichen Instanz, sich für Sie einsetzen und etwas für Ihre Ziele tun. Weit gefehlt! Gott ist kein kosmischer Babysitter, und auf die Taten anderer Menschen haben Sie sicherlich schon häufiger vergeblich gewartet.

Hoffen ist Träumen, Hoffen ist Ausharren und Untätigkeit. Nur weil kleine, brave Kinder von Ponys träumen, bekommen sie noch lange keines. Das einzige Resultat der Hoffnung ist Paralyse par excellence. Tauschen Sie Hoffen mit zuversichtigem Handeln, und der Mitmensch wie auch Ihr „kosmischer Babysitter" werden Sie unterstützen.

„Es wird schon werden" und „Das Schicksal wird's schon richten". Wenn diese Sätze zu Ihrem Repertoire gehören – bitteschön. Gottvertrauen macht stark, aber erstens wissen Sie nie, was werden wird, und zweitens sollten Sie sich den Satz zu Herzen nehmen: „Vertraue auf Gott und binde deine Kamele an."

Der fehlende Mut, seine eigenen Grenzen zu sprengen, vertraute Gewohnheiten zu verlassen und alten Denkmustern Lebewohl zu sagen, dieser Mangel an Mut und der daraus resultierende Selbstbetrug der Rechtfertigung, „warum man etwas nicht tut", sind ein Preis, der Leben nicht funktionieren läßt. Glauben Sie nicht, daß Hoffnung eine Tugend ist! Vielmehr führt sie zu Schuldzuweisungen, denn wenn Sie Ihren „inneren Schweinehund" nicht überwinden, müssen Sie andere finden, denen Sie dann die Schuld zuschieben können.

Können Sie der Hoffnung, dem ärgsten Feind des aktiven Handelns, entfliehen, ist die Gefahr aber noch nicht gebannt. Häufig treffen Sie dann auf den fast ebenso üblen Zwillingsbruder: den Versuch.

Wie fühlen Sie sich, wenn Sie jemanden um einen Gefallen bitten und Sie daraufhin die Antwort erhalten: „Ich werde es versuchen."? Sie ahnen, daß nichts geschehen wird. Denn mit der Antwort hat sich Ihr Gesprächspartner schon die Hintertür geöffnet, damit er es nicht tun muß. Und versuchen Sie einmal, einen Stift, der vielleicht gerade vor Ihnen liegt, in die Hand zu nehmen. Was passiert? Entweder Sie greifen zu, oder Sie lassen ihn liegen. Und das heißt: Sie tun etwas oder Sie tun nichts. Aber versuchen, etwas zu tun, hält von der Handlung ab. Denn versuchen heißt nichts anderes, als daß Sie ein Hindernis erwarten, was Sie letztlich von der Umsetzung, von dem Tun, abhalten wird.

Also versuchen Sie nicht länger, irgend etwas zu tun. Tun Sie es einfach. Tun Sie das, was Ihnen Spaß macht, tun Sie, was Sie fasziniert und begeistert. Ergreifen Sie jede Chance, die sich Ihnen bietet. Nur der Versuch, diese Chance zu ergreifen, ist schon im voraus zum Scheitern verurteilt.

Und es wäre doch schade, mit so viel Mühe Ziele erarbeitet zu haben, um dann irgendwann an einem Punkt zu stehen und sagen: „Ich habe alles versucht, aber ...“ Wer stets lebt im Hoffen und Harren, der landet eines Tages unter den Narren.

2. Das Lebenselixier KO-BE-PRO

Wenn Sie eine Vision anstreben, die die Verwirklichung Ihrer Talente beinhaltet, dann reicht es nicht, nur daran zu denken. Sie müssen wissen, was Sie dafür tun wollen, wie Sie es tun wollen und wann Sie es tun werden. In diesen drei Bereichen ist Aktivität gefragt.

Damit sind wir an einem Punkt angelangt, an dem Sie die bisher geleistete Arbeit an sich selbst in ein übersichtliches Schema einordnen können. Dieses Schema bringt Ihre Talente, Ihre Visionen und Lebensziele auf einen Nenner, und es trägt einen besonderen Namen: KO-BE-PRO.

KO-BE-PRO klingt geheimnisvoll, wie ein Mantra, wie ein „Gesang zur Befreiung", so die Bedeutung dieses Sanskrit-Wortes. Ein Mantra sind Buchstaben oder unvollständige Sätze, die dabei helfen, das Bewußtsein zu läutern.

Wenn auch auf einer anderen Ebene, so möchte das KO-BE-PRO Sie doch ebenso befreien: von Ihren alten Programmen, überholten Gedankenmustern und hemmender Mutlosigkeit. Und es möchte Ihr Bewußtsein, Ihre Konzentrationskraft und Ihren Willen klären, Sie auf Ihre Talente fokussieren, auf Ihre Visionen und Ziele. KO-BE-PRO möchte Ihnen dabei helfen, das, was Sie anstreben, auch tatsächlich umzusetzen.

Damit Sie Ihr ganz individuelles KO-BE-PRO, Ihr persönliches Erfolgsprogramm erstellen können, dafür war die sorgfältige, im Verlauf der Prüfungen immer wieder neue Verbesserung, Verdeutlichung und Überarbeitung des Brain Mappings notwendig.

KO-BE-PRO besteht aus drei übergeordneten Aspekten: dem Körper, den Beziehungen und der Profession. In diesen drei Bereichen drückt sich Ihr Talent aus und wird konkretisiert durch präzise Zielformulierungen.

KO-BE-PRO					
Körper		**Beziehungen**		**Profession**	
Gesundheit	Bewußtsein	Liebe	Harmonie	Erfolg	Profit

Um diese Aspekte noch deutlicher definieren zu können, wird jeder von ihnen von zwei Grundbegriffen getragen:

KO – der Körper – beinhaltet Gesundheit und Bewußtsein. Gesundheit ist zunächst einmal die Gesundheit, die den Körper auf der physischen Ebene betrifft. Bewußtsein charakterisiert das über dem materiellen Leben liegende sprituelle Denkgebäude. Das Heilsein in diesen beiden Bereichen schenkt Ihnen Aktivität, Vitalität und umfassendes Wohlbefinden.

BE – die Beziehungen – vereint Liebe und Harmonie. Liebe, so erkläre ich diesen Begriff am liebsten, umfaßt die Menschen, die Sie in einen Arm nehmen können, beispielsweise Ihre Kinder und Ihren Lebenspartner. Liebe beinhaltet aber auch Ihre eigene Person, also die Selbstannahme. Harmonie bezieht sich dann auf alle Menschen, mit denen Sie zu tun haben, seien es Freunde, Kollegen oder Geschäftspartner.

PRO – die Profession. Der dritte Aspekt zielt ganz eindeutig auf das Materielle, den geschäftlichen Erfolg und den Profit in Vermögensdingen.

Nun geht es aber endlich los mit Ihrem persönlichen KO-BE-RPO. Nehmen Sie Ihr Brain Mapping zur Hand, und schauen Sie, wie weit Sie Ihre Visionen, Ihre Ziele, Ihre Planungen diesem Schema anpassen können. Es kann sein, daß Sie zu anderen Schwerpunkten kommen oder für sich andere Formulierungen finden. Sie müssen KO-BE-PRO nicht unbedingt so übernehmen, wie ich es darstelle. Sie sollten aber die Idee übernehmen. Ich bin jedoch fast sicher, daß auch Ihre Vorhaben mit diesem KO-BE-PRO übereinstimmen.

Als Hilfestellung möchte ich Ihnen einige Beispiele aus meinem persönlichen KO-BE-PRO anbieten:

KO-BE-PRO						
Körper		Beziehungen		Profession		
Gesundheit	Bewußtsein	Liebe	Harmonie	Erfolg	Profit	
– Bewußte Ernährung – Atemmeditation – Wandern und Bergsteigen in kraftspendender Landschaft – regelmäßige Fastenkur über zwei Wochen jedes Jahr	– Ich akzeptiere das, was ist – Ich muß nichts müssen, ich habe immer die Wahl – Ich stehe zu meinem Wort – Ich bin in jedem Augenblick völlig präsent – Ich setze Vertrauen in das Leben und in andere Menschen – Ich bin ehrlich zu mir und zu meinen Mitmenschen	– Ich schenke den gemeinsamen Stunden mit meiner Frau und meiner Tochter liebevolle Aufmerksamkeit – Ich intensiviere die gemeinsamen Yogastunden mit meiner Frau Caty – Ich unterstütze das Hobby meiner Tochter Lara durch aktive Teilnahme bei den Reitturnieren – Ich widme mir und meinen Interessen genügend Zeit	– Ich pflege freundschaftliche Geschäftsbeziehungen – Gute Freunde sind ein wichtiger Lebensinhalt – Ich bilde ein fröhliches Partnerteam – Ich gründe die schon lange geplante Skatrunde mit guten Freunden	– Ich übernehme Aufgaben, die einen Quantensprung erfordern – Ausbau meiner Stammkunden – Gewinnen von Neukunden – Ich interessiere mich für eine permanente Weiterbildung	– Ich schaffe eine gute Vermögensanlage – Ich besitze ein eigenes Heim	

Vielleicht ist es sinnvoll, die einzelnen Bereiche und ihre möglichen Inhalte einmal näher zu beleuchten, um so ein noch tieferes Verständnis über die Wichtigkeit des KO-BE-PRO zu erlangen.

KO – Körper

Gesundheit

Gesundheit ist mehr als nur die Vermeidung von Krankheiten. Ein wirklich gesunder Mensch sprüht vor Energie. Strahlende Augen, eine gerade Körperhaltung, frische Gesichtsfarbe, Tatendrang, Freude am Leben – all das und noch mehr ist Ausdruck einer gesunden Lebensweise. Und dazu gehört mehr als ausgewogene Ernährung oder ausreichende Bewegung. Wichtig für ein umfassendes Wohlergehen ist auch das, was ich gerne als „Nahrungsaufnahme" durch das Atmen und durch die Aufnahme von Sinneseindrücken bezeichne.

Was Ernährung und Bewegung angeht, sind Sie wahrscheinilch bestens informiert. Die beiden anderen Bereiche werden leider aber immer noch fast sträflich vernachlässigt. Sie möchte ich gleich etwas ausführlicher darstellen.

Sind Sie fit?

Muskeln, Sehnen und Gelenke wollen gefordert werden, damit sie nicht erschlaffen, sondern den Körper tragen und stützen können. Auch die Kondition braucht Training, um nicht schon bei der geringsten Anstrengung nachzulassen. Und die Wirkung körperlicher Bewegung auf die Funktionen des Körper und seiner Organe ist Ihnen wohl auch bekannt.

Achten Sie auf das, was Sie essen?

Der menschliche Körper ist ein empfindliches Instrument, das gepflegt und mit den geeigneten Nährstoffen versorgt werden muß, um funktionstüchtig zu bleiben. Daß fette Speisen spätabends unbekömmlich sind, wissen Sie längst, und die Wichtigkeit der Vitamine und Ballaststoffe ist Ihnen höchstwahrscheinlich ebenfalls bekannt.

Aber das Wissen allein schenkt Ihrem Körper keine Energie. Wie sieht es also mit der Umsetzung der Theorie aus? Was sind Ihre Ziele, wenn es im Bereich der Gesundheit um die Ernährung geht?

Verwöhnen Sie Ihre Sinne?

Hören, sehen, riechen, schmecken, fühlen – der Aufnahme von Sinneseindrücken sollten wir im Hinblick auf die Gesundheit mehr Beachtung schenken. Die Sinneseindrücke können uns einen beträchtlichen Teil der Energie nehmen. Oft braucht man sich nicht zu wundern, daß man abends schlapp und energielos ist: Von morgens bis abends dudelt das Radio, die Büroräume in vorwiegend sterilem Grau oder Braun, wegen der Klimaanlage können die Fenster nicht geöffnet werden usw.

Nehmen Sie sich doch einmal die Zeit, die Musik wirklich zu hören und die unterschiedliche Wirkung von Klängen zu erfahren. Es gibt Musik, die anregt oder gar aufregt, es gibt Musik, die reiner Genuß ist, und es gibt Musik, die so entspannend wirkt, daß sich Streß, Aufregung und Ärger schon nach kurzer Zeit des Zuhörens auflösen. Machen Sie Ihre eigenen Erfahrungen mit der Musik, und wählen Sie bewußt die, die Ihnen Gelassenheit und Ausgeglichenheit schenkt.

Was gönnen Sie Ihren Augen? Schauen Sie sich jetzt doch einmal um. Worauf fällt Ihr Blick? Ist es eine graue Betonwand oder ein hübscher Blumenstrauß, ein unaufgeräumter Schreibtisch, der Sie an all das erinnert, was Sie noch erledigen müssen, oder ein schönes Gemälde? Um nachzuvollziehen, wie sehr Sie durch das Sehen Energie bekommen und damit die Gesundheit stärken können, vergleichen Sie einmal Ihre Empfindungen, wenn Sie auf eine Müllhalde blicken, mit denen, wenn Sie Ihre Lieblingslandschaft betrachten. Glauben Sie mir, es hat nichts mit Ihren finanziellen Möglichkeiten zu tun. Oft sind es gerade die einfachen Dinge, die Ihren Augen wohltun: Blumen, das Licht einer Kerze, Vorhänge, die den Raum in sanftes Licht tauchen … Schauen Sie sich um in den Räumen, in denen Sie sich aufhalten. Und sollte in Ihrem Brain Mapping der Punkt erscheinen „Wohnung renovieren", dann konkretisieren Sie diese Aussage dahingehend, daß die Wohnung nicht nur renoviert wird, sondern daß Sie eine weitere Kraftquelle für Ihre Gesundheit schaffen können.

Und dazu gehört auch das Riechen. Manche Menschen rümpfen die Nase, wenn sie an einem frisch gedüngten Feld vorbeikommen, andere lieben diesen Geruch. Welchen Duft mögen Sie? Achten Sie darauf, wann Sie sich am liebsten die Nase zuhalten würden und wann Sie tief einatmen, weil Sie gar nicht genug von dem Duft bekommen können. Es ist heutzutage ein leichtes, sich mit einem angenehmen Duft zu umgeben. Abgesehen von Rasierwassern und Parfums gibt es Aromaöle oder Duftkerzen – für jeden Geschmack ist etwas dabei.

Und da wir gerade beim Geschmack sind, knüpfen wir noch einmal an das Thema Ernährung an. Ernährung hat ja nicht nur mit qualitativ guter Nahrung zu tun, sondern auch mit dem Geschmackssinn. Was nützt das gesunde Müsli, wenn Sie es nicht genießen? Erst der angenehme Geschmack macht die Ernährung zu einem Erlebnis, zum Genuß pur. Leider wird Genuß häufig als „Filetspitzen in Weißweinsauce mit zarten Gemüsen und Butterkartoffeln" definiert. Aber welch' ein Genuß ist frisches Volkornbrot – ohne Butter und Aufschnitt! Vielleicht ein Ziel, das in Ihrem KO-BE-PRO Platz findet: Gesunde Ernährung mit dem Genuß zu verbinden. Genießen Sie jeden Bissen, und eröffnen Sie über diesen Sinn eine weitere Energiequelle zum Wohle Ihrer Gesundheit.

Kommen wir zum letzten unser Sinne, zum Fühlen. Gehören Sie zu den Menschen, die gedankenverloren über die Tischplatte streichen oder mit dem Kugelschreiber spielen? Und ziehen sich auch bei Ihnen alle Poren zusammen, wenn Sie über die Tapete streichen? Das Fühlen von Formen und Materialien löst Gefühle aus – negative oder positive. Und negative Gefühle, auch wenn sie fast unbemerkt ablaufen, haben auch einen negativen Einfluß auf die Gesundheit. Vergessen Sie also den Pullover aus Chemiefasern, wenn Sie Wolle viel lieber mögen. Gönnen Sie sich wenigstens zu Hause eine Schreibtischplatte aus Naturholz, auch wenn Kunststoff um einiges pflegeleichter ist. Genießen Sie sich die Lust des Fühlens, und tun Sie es so oft wie möglich ganz bewußt. Nebenbei: Nicht nur das Fühlen von Gegenständen löst angenehme Gefühle aus, das Haar und die Haut Ihres Lebenspartners tun es vielleicht sogar noch leichter ...

Nicht zuletzt: Wie atmen Sie?

Das hat zum einen mit dem zu tun, was Sie über Ihren Geruchssinn wahrnehmen. Zusätzlich aber sollten Sie Ihrer Atmung besondere Aufmerksamkeit widmen. Wie oft nehmen Sie sich die Zeit, um etwa bei einem Waldspaziergang ganz bewußt tief einzuatmen? Beobachten Sie Ihre Atmung: Atmen Sie in die Brust oder in den Bauch? Atmen Sie tief oder eher flach? Wie verändert sich Ihre Atmung in angespannten Situationen? Die richtige Atmung entspannt nicht nur den Körper, sondern löst auch Geist und Seele. Der Atem ist Lebensenergie pur und ein wichtiger Aspekt im Hinblick auf die Gesundheit.

Bewußtsein

Was macht Ihr Leben lebens-„wert"?

Jeder Mensch hat bestimmte Werte, nach denen er sein Leben ausrichtet. Ihre Werte sollten die Leitlinien Ihres Handelns sein. Dabei spielt es keine Rolle, ob sie Gesundheit, Erfolg, Gerechtigkeit oder Harmonie heißen. Nur wenn Sie die Werte kennen, die Ihr Leben tragen, und Ihre Visionen an diesen Werten ausgerichtet sind, können Sie die gesetzten Ziele mit gutem Gewissen anstreben und voller Überzeugung hinter Ihrem Handeln stehen.

Wann fühlen Sie sich authentisch?

Wahrscheinlich kennen Sie Situationen, in denen Sie sich unwohl, wie fremd in Ihrem eigenen Körper fühlen. Wahrscheinlich kennen Sie aber auch solche, in denen Sie sich vollkommen eins fühlen. Achten Sie einmal darauf, was Ihnen das Gefühl der Authentizität gibt. Das ist ein guter Hinweis auf die Übereinstimmung Ihrer Talente mit den Lebenswerten und eine Möglichkeit, Ihre Ziele im Bereich des Bewußtseins noch klarer zu definieren.

Wieviel Verantwortung übernehmen Sie für Ihr Leben?

Bewußtsein schließt auch mit ein, daß Sie sich verantwortlich fühlen für Ihr Handeln, für das, was Sie bisher erreicht haben, für das, was

Sie in bestimmten Situationen fühlen und was Sie aus sich selbst machen. Sie sind – trotz aller Normen – ein freier Mensch. Niemand kann Sie zu etwas zwingen, weder zu einer langweiligen Ehe noch zu einem Beruf, der in Routine erstarrt ist. Und Sie können niemanden für das verantwortlich machen, was Ihnen widerfährt. Als freier Mensch haben Sie immer die Wahl, sich für eine Alternative zu entscheiden, die Ihnen besser gefällt. Und das gilt auch für Ihre Gefühle. Wenn Sie sich ärgern, sind auch Sie für den Ärger verantwortlich, nicht derjenige, der in Ihnen den Ärger auslöste. Denn schließlich könnten Sie sich auch dafür entscheiden, die Situation so hinzunehmen, wie sie ist, und das Beste daraus zu machen. Und wenn Sie nichts ändern können, was nützt Ihnen dann der Ärger?

Und sollten einmal die Konsequenzen einer Handlung oder Entscheidung unangenehm ausfallen, liegen die Vorteile der Selbstverantwortung klar auf der Hand: Sie beklagen weder Ihr Schicksal, noch geben Sie dem lieben Gott oder irgendeinem Menschen die Schuld, um dann in Weltschmerz zu versinken. Nein, Sie überprüfen, was Sie daraus lernen und was Sie verändern können.

Woran glauben Sie?

Es spielt keine Rolle, ob Sie dem christlichen Glauben verhaftet sind oder anderen spirituellen Richtungen. Die Entwicklung des spirituellen Bewußtsein und die Umsetzung im täglichen Leben ist ausschlaggebend dafür, wie weit Sie dem Leben und im Leben vertrauen können. Wie schwer haben es doch Menschen, die an nichts und niemanden glauben. Welchen Sinn hat das Leben denn, wenn es nicht irgend etwas gibt, was einen Grund für das Dasein auf dieser Welt bietet?

Sie werden sicher schon gemerkt haben, daß dem KO mit den Bereichen Gesundheit und Bewußtsein ein hoher Stellenwert zukommt. Alle anderen Bereiche nützen Ihnen nicht sehr viel, wenn das KO nicht stimmt. Aller beruflicher Erfolg, alle Vermögensanlagen sind nicht mehr so wichtig, wenn Ihre Psyche oder Physis ernsthaft erkrankt ist. Selbst Liebe und Harmonie werden dadurch erschwert. Da ist es natürlich intelligenter, alles zu tun, um nicht krank zu werden. Deshalb hat der Körper absolute Priorität.

Bitte stimmen Sie mir jetzt nicht übereilt zu. Denn wie schnell sagt jemand, daß auch für ihn Gesundheit ganz vorne stehe. Und gleichzeitig zündet er sich eine neue Zigarette an oder gießt sich das vierte Glas Wein ein. Also prüfen Sie bitte, ob auch bei Ihnen das KO diese Bedeutung hat.

Es kann sein, daß Sie den Schwerpunkt auf einen ganz anderen Bereich legen. Das ist nicht tragisch, denn das KO-BE-PRO ist kein Dogma. Sie müssen sich darüber klar werden, was an erster Stelle stehen soll. Vielleicht finden Sie für Ihr „KO-BE-PRO" sogar ganz andere Kürzel. Wichtig ist aber, daß Sie das benennen, was für Sie stimmig ist.

Die Idee hinter Be und PRO werde ich im folgenden bei weitem nicht mehr so ausführlich vorstellen. Denn die Inhalte der vier hier enthaltenen Bereiche bedürfen vermutlich keiner näheren Erklärung, zumal sie sehr persönlich definiert werden.

BE – Beziehungen

Liebe

Liebe hängt zunächst einmal zusammen mit den Menschen, die Ihnen sehr nahestehen. Was wünschen Sie Ihrer Frau oder Ihrem Mann, und was Ihren Kindern? Wahrscheinlich auch Gesundheit, Bewußtsein, Liebe, Harmonie, Erfolg und Profit, um bei den Begriffen des KO-BE-PRO zu bleiben. Vielleicht gibt es auch ganz konkrete Dinge, die Sie dem Menschen, den Sie am liebsten haben, von Herzen wünschen.

Selbstverständlich aber betrifft der Bereich Liebe auch Sie selbst. Können Sie sich so annehmen, wie Sie sind? Gibt es da noch Punkte, die Sie weiterentwickeln möchten? Vielleicht eine größere Akzeptanz für Ihr Handeln oder gar für Ihren Körper? Wenn Sie sich selber lieben können (bitte verwechseln Sie das nicht mit Egoismus und Narzißmus), dann haben Sie eine Ausstrahlung, die sich auf andere überträgt. Dann können Sie wirklich Liebe weitergeben, nicht nur Theorien. Denn Theorien reichen nicht!

Harmonie

Ob Sie Harmonie nun auffassen als Eintracht, Frieden, Zufriedenheit, Freundschaft oder Übereinstimmung – das gute Einvernehmen mit anderen Menschen fällt in diesen Bereich. Und das sind nicht nur Ihre Freunde, die Sie gerne und regelmäßig treffen, auch die Verwandten, die Kollegen und Geschäftspartner sind hier gemeint. Welche Ziele haben Sie für den Umgang mit anderen Menschen? Das kann damit anfangen, daß Sie auch den Menschen mehr ernstgemeintes Entgegenkommen und Verständnis zeigen, die Sie bisher abgelehnt haben.

PRO – Profession

Erfolg

Wirklich erfolgreich kann nur der sein, der das, was er tut, gerne tut. Also: Identifizieren Sie sich mit der Firma, für die Sie arbeiten, und mit dem Produkt, das sie herstellt? Mögen Sie das Team, mit dem Sie zusammenarbeiten? Sind Kunden oder Auftraggeber zufrieden? Das, was Sie daran verbessern oder verändern wollen, sollte in dieser Rubrik stehen.

Wie wichtig ist Ihnen das berufliche Weiterkommen? Wenn Sie sich mit Ihren bisherigen Erfolgen nicht zufriedengeben, müssen Sie etwas tun. Auch das sollte hier Platz finden.

Profit

Wie möchten Sie das Geld anlegen, das Sie verdienen? In Aktien, oder wollen Sie lieber das Sparkonto vermehren? Oder ist der Kauf eines Eigenheims im Grünen für Sie ein viel wichtigeres Ziel?

Das alles sind sehr materielle Werte. Für Sie mag Profit etwas ganz anderes bedeuten. Aber Ziele in diesem Bereich sollten Sie schon haben. Denn welchen Wert hat der schönste Erfolg, wenn Sie nicht irgendeinen Nutzen daraus ziehen?

Balance finden

Wenn sich herausstellt, daß Ihre Ziele ein Feld außer acht lassen, dann nehmen Sie das als Anregung, an diesem Thema zu arbeiten. Auch die Überbetonung eines einzigen Aspekts hat nichts mit Meisterschaft zu tun. Wer einzig und allein auf seine Gesundheit achtet, wird vielleicht ein verkniffener Idealist, sicherlich aber kein Mensch, der seine Talente nutzt und das Leben genießt. Und nur auf den Erfolg zu setzen kann eher zum Herzinfarkt führen als zu einem faszinierenden Dasein.

Es kommt nicht darauf an, auf der einen Seite eine harmonische Ehe zu führen, aber gleichzeitig einen langweiligen Beruf auszuüben und auf die Rente zu warten. Ebenso wenig im Gleichgewicht ist derjenige, der zwar King im Job ist, seine Familie aber nur einmal in der Woche sieht, oder nur noch den Weg nach Hause findet, um die Wäsche zu wechseln.

Wenn Sie in einem der drei Bereiche – KO, BE oder PRO – unzufrieden mit sich und der Welt sind, hat dies zwangsläufig negative und zuweilen sogar destruktive Auswirkungen auf die beiden anderen. Daher heißt es aufzuräumen in Ihrem Leben.

Um das Gleichgewicht von KO-BE-PRO zu erreichen, sollten Sie sich zunächst bemühen, die Gesundheit Ihres Körpers und Ihrer Seele soweit wie möglich zu vervollkommnen und miteinander in Gleichklang zu bringen. Wenn Sie das erreicht haben, können Sie innerlich ausgeglichen und in sich selbst ruhend in Beziehung zu Ihren Mitmenschen, aber auch zu sich selber treten. Konsequenterweise sind dann in der Berufssphäre Erfolg und Profit leicht zu erreichen. Reichtum ist ein legitimes, erstrebenswertes Ziel, wenn die anderen Ziele dabei nicht auf der Strecke bleiben.

Wichtig ist also, daß alle sechs Bereiche in einem ausgeglichenen Verhältnis zueinander stehen. Einseitige Lebensorientierungen sind Gift für einen Menschen, der mit beiden Beinen im Leben stehen will. Ein faszinierendes, energiespendendes Leben ist nur möglich, wenn sich alle Lebensbereiche in Balance befinden. Sicherlich wird sich Ihr Talent in einem der Bereiche verstärkt ausdrücken, aber es sollte Kennzeichen aller anderen Bereichen sein.

Mein Talent ist es, Veränderungsprozesse professionell zu begleiten. Und das könnte ausschließlich dem Bereich „Erfolg" zugeordnet sein. Doch würde ich mir meine Ziele lediglich in diesem Bereich setzen, wäre dieses Talent bald zum Untergang verurteilt.

Ich halte es zum Beispiel für ein wichtiges Ziel, das harmonische Verhältnis zu meinen Mitmenschen immer mehr zu entwickeln. Oder würden Sie mir gestatten, einen Veränderungsprozeß innerhalb Ihrer Firma zu begleiten, wenn ich Ihnen dogmatisch und mit unfreundlichem Ton erklärte, wo es in Ihrer Firma langzugehen habe? Glauben Sie mir, ich könnte mich noch so freundlich und kooperativ zeigen, Sie hätten mich bald durchschaut. Ich würde nicht authentisch wirken.

Auch ist es mir wichtig, mein Bewußtsein weiterhin zu entwickeln. Dazu gehört auch der Gedankenaustausch mit gleichgesinnten Menschen, das Kennenlernen anderer Glaubenssysteme oder die ständige Überprüfung meines Glaubens und das damit wachsende Vertrauen.

Daß die Gesundheit und einige Ziele für deren Erhaltung in meinem KO-BE-PRO eine wichtige Rolle spielen, ist klar. Denn nur so habe ich die Vitalität und Kraft, um meine Ziele in den Bereichen Bewußtsein und Erfolg auch umzusetzen. Und der Profit, der gestattet mir Reisen zu spirituellen Lehrern oder einen Urlaub, in dem ich mich auf mich selbst besinnen oder neue Ideen entwickeln kann.

Es nützt mir auch nichts, wenn ich in den nächsten zwei Jahren die dem Bewußtsein zugeordneten Ziele umsetzen wollte, in den folgenden zwei Jahren dann die, die meine Gesundheit erhalten, und mich dann für einige Zeit dem Bereich „Liebe" widmete. Denn jedes Ziel in einem Bereich ist eng verbunden mit denen in allen anderen Bereichen. Und jedes Ziel ist ein weiterer Schritt hin zu meiner Lebensvision, für die mein Talent der Ausgangspunkt ist.

Nach so vielen Vorüberlegungen können Sie nun – endlich – darangehen, das Brain Mapping Ihrer Visionen und der dorthinführenden Ziele in Ihr ganz persönliches KO-BE-PRO einzubringen.

Ihr persönliches KO-BE-PRO

Nehmen Sie ein DIN-A3-Blatt im Querformat und viel Zeit, um Ihr Brain Mapping sorgfältig und gewissenhaft in das KO-BE-PRO zu übertragen. Bitte mit Bleistift, denn am Ende dieses Kapitels wird es wohl noch einige Änderungen geben.

Noch einmal das Schema:

KO-BE-PRO					
Körper		Beziehungen		Profession	
Gesundheit	Bewußtsein	Liebe	Harmonie	Erfolg	Profit

Prioritätskonflikte

Nun kann es natürlich passieren, daß Sie irgendwann feststellen, daß einige Ziele miteinander in Konflikt stehen oder daß Sie zu viele Zielsetzungen auf einmal formuliert haben.

Schauen Sie sich das Beispiel eines Menschen an, der sicherlich keine besonders großen Ziele hatte, aber schon innerhalb weniger Wochen so gestreßt war, daß er sie nicht mehr konsequent leben konnte.

Gesundheit

Ziel: Ich achte auf meinen Körper. Dafür schlafe ich regelmäßig acht Stunden und besuche zweimal in der Woche ein Fitneß-Studio.

Bewußtsein

Ziel: Jeden Sonntagnachmittag treffe ich mich mit interessanten Menschen zu einem regen Gedankenaustausch über geistiges Wachstum.

Liebe

Ziel: Die ersten zwei Stunden des Feierabends gehören nur mir. Dann lasse ich mich von nichts und niemandem stören.

Harmonie

Ziel: Zweimal im Monat lade ich gute Freunde zu mir ein.

Erfolg

Ziel: Ich nehme an firmeninternen Weiterbildungsseminaren teil und besuche jeden Mittwoch abend einen Englisch-Kurs für Fortgeschrittene.

Profit

Ziel: Ich mache jeden Tag zwei Überstunden, um für eine Eigentumswohnung zu sparen.

Ein Vergleich der Ziele untereinander zeigt, daß sich dieser Mensch offensichtlich zu viel vorgenommenn hat. Nun geht es also darum, die Ziele inhaltlich und zeitlich zu überprüfen. Ein guter Ansatz scheint hier bei den Werten Eigenliebe und Profit zu liegen. Denn wenn er jeden Tag zwei Überstunden macht und die ersten zwei Stunden des Feierabends der Eigenliebe widmet, wird er für die anderen Aktivitäten wohl erst gegen 21 Uhr Zeit finden. Unter diesen Voraussetzungen werden der Sprachunterricht und der Besuch des Fitness-Studios eher illusorisch sein, wenn er regelmäßig auch noch acht Stunden schlafen will. Sinnvoll wäre es, die der Liebe und dem Profit zugeordneten Ziele zu überarbeiten. Das Wochenende ist zum Beispiel hervorragend dafür geeignet, sich selbst so richtig zu verwöhnen. Und vielleicht reicht es auch, nur an vier Tagen in der Woche Überstunden zu machen, um die Eigentumswohnung zu realisieren. Eine neue Koordination des Zeitplans hilft hier bestimmt bei der Zielverwirklichung.

Damit Sie weder kurz- noch langfristig über solche Prioritätskonflikte stolpern, ist es sinnvoll, Ihre Zielsetzungen einer zeitlichen Überprüfung zu unterziehen. Gehen Sie dabei möglichst gewissenhaft vor, sonst könnte es Ihnen passieren, daß irgendwann Schwierigkeiten auftauchen und Sie keines der miteinander streitenden Ziele erreichen. Sie möchten in drei Jahren mit dem Hausbau beginnen, planen aber für das nächste Jahr eine luxuriöse Weltreise? Bei einem Monatseinkommen von 5 000 DM ist es wohl offensichtlich, daß es hier Probleme geben wird. Wahrscheinlich ist es auch schwierig, gleichzeitig alle Zeit in die Karriere zu stecken und die Abende ganz der Familie zu widmen. Und nur wenige werden es wohl schaffen, in drei Jahren ein gutgehendes Steuerberatungsbüro aufgebaut zu haben, wenn sie parallel dazu das Studium nachholen wollen.

Es geht jetzt darum, genau die Ziele zu bestimmen, die bis zum Jahresende, nach einem Jahr und nach drei Jahren erreicht sein sollen, und akribisch zu hinterfragen, ob denn wirklich alle Voraussetzungen gegeben sind. Nehmen Sie dafür Ihr soeben erstelltes KO-BE-PRO, und kennzeichnen Sie die Ziele entsprechend den Zeiträumen. Wenn Sie sicher sind, welche Ziele Sie innerhalb der drei Zeiteinheiten erreichen wollen, und wenn Sie glauben, dann auch alle Voraussetzungen dafür zu haben, verändern Sie die Ziele so, daß Sie einen zeitlichen Ablauf wie in der nachstehenden Tabelle darstellen.

KO-BE-PRO						
	Körper		Beziehungen		Profession	
	Gesundheit	Bewußtsein	Liebe	Harmonie	Erfolg	Profit
3 Jahre						
1 Jahr						
Jahresende						

Sollte es Ihnen trotzdem passieren, daß Sie in zeitliche oder inhaltliche Prioritätskonflikte geraten, dann überprüfen Sie zuerst das KO daraufhin, ob unter Gesundheit und Bewußtsein sich inhaltlich oder zeitlich widersprechende gegensätzliche Ziele formuliert sind. Das gleiche tun Sie mit Liebe/Harmonie und Erfolg/Profit. Sind die dort aufgestellten Ziele miteinander stimmig, dann vergleichen Sie Körper, Beziehung und Profession untereinander.

In dem folgenden Kapitel werden Sie weitere Hinweise darauf finden, wie Ziele und deren Prioritäten noch genauer zu bestimmen sind. Und möglicherweise ergibt sich daraus eine erneute Korrektur des KO-BE-PRO.

3. Prioritäten und Ziele

An einer amerikanischen Universität wurde in den 50er Jahren bei den Studenten der Abschlußklasse eine Untersuchung durchgeführt. Sie wurden nach einem klaren Ziel für ihr künftiges Leben gefragt und nach einem Plan, um dieses Ziel zu verwirklichen. Nur 3 Prozent konnten diese Frage beantworten. 20 Jahre später wurden die ehemaligen Studenten danach befragt, was sie in ihrem Leben erreicht haben. Die drei Prozent, die schon in der Abschlußklasse klare Ziele vor Augen hatten, waren nicht nur finanzieller erfolgreich, sie beschrieben ihr Leben auch als glücklicher und zufriedener als die restlichen 97 Prozent. Ziele haben also zusätzlich den angenehmen Nebeneffekt, daß das Leben insgesamt vergnüglicher wird.

Die Qualität von Zielen

Die Festsetzung der Ziele ist ein wichtiger Schritt. Gewöhnlich bestimmt man sein Ziel in einer völlig angemessenen Richtung, allerdings sehr weit entfernt und noch ziemlich unspezifisch. Nehmen wir an, Sie entscheiden sich dafür, erfolgreich zu sein. Das ist ein Ziel, das sich in der angestrebten Identität als „Ich bin erfolgreich" wiederfindet. Mit diesem Ziel vor Augen richten Sie Ihr Leben aus. Doch bevor Sie dieses Ziel erreichen, müssen Sie es konkretisieren. Wo möchten Sie denn erfolgreich sein? Im Beruf, im Privatleben, in Beziehungen? Daraus leiten sich wieder neue Ziele ab. Denn wenn es Ihre Absicht ist, im Beruf erfolgreich zu sein, müssen Sie zuerst wissen, was das für Sie bedeutet. Bedeutet Erfolg für Sie Zufriedenheit und Spaß oder Karriere und hohes Einkommen? Und dann gehen Sie noch einen Schritt weiter: Wodurch erreiche ich Zufriedenheit oder ein hohes Einkommen? Was muß ich dafür tun? Gehen Sie mit Ihren Zielen so weit nach vorne, daß sie zeitlich in einem sehr nahen Handlungsraum liegen.

Jedes Ziel besteht aus vielen kleinen Zwischenzielen. Und die kleinsten Zwischenziele liegen nicht mehr als wenige Stunden auseinander. Letztlich ist jede Handlung zielorientiert. Jeder Brief, jedes Telefonat, sogar jede Begrüßung dient einem Ziel. Natürlich sind das oft alltägliche oder unbewußte Ziele. Doch wenn Sie wissen, wohin Sie wollen, sollten Sie auf jeden Fall der Handlung den Vorrang geben, die Sie Ihrem Ziel näherbringt.

Wenn Sie sich Ziele setzen, ist es wichtig, sie so klar und präzise wie möglich zu formulieren. Überprüfen Sie Ihre Ziele anhand der nachstehenden fünf Fragen.

1. Können Sie sich Ihre Ziele exakt vorstellen und sie beschreiben?

Wissen Sie, was Sie fühlen werden, was Sie hören und sehen werden, wenn das Ziel erreicht ist? Schließen Sie einmal die Augen, und träumen Sie sich in die Situation, die Ihrer Zielverwirklichung entspricht. Arbeiten Sie beispielsweise auf eine Prüfung hin, dann wird Ihnen wahrscheinlich während einer Feierlichkeit in einem festlich geschmückten Raum das Zeugnis überreicht, begleitet von Glückwünschen. Vielleicht können Sie die Blumen riechen, mit denen der Raum geschmückt ist. Fühlen Sie das Zeugnis in Ihrer Hand, spüren Sie das erhebende Gefühl, diese Prüfung geschafft zu haben.

Und können Sie auch konkret beschreiben, welche Tätigkeiten beispielsweise in Ihrem Aufgabenbereich liegen, wieviel Mitarbeiter Sie haben oder wie Ihr Büro aussieht? Wie fühlen Sie sich jetzt als Abteilungsleiter?

Vorstellungsbilder haben eine große Kraft, die Sie Ihrem Ziel entgegentreibt. Sie geben Ihnen aber auch gleichzeitig die Möglichkeit der Überprüfung, wann Sie an Ihrem Ziel angekommen sind. Denn nicht immer ist das verbunden mit einem festlichen Akt. Wenn Ihr Ziel eine harmonische Beziehung ist: Wie fühlen, sehen und hören Sie Harmonie? Wenn das in Ihrer Vorstellung klar ist, wissen Sie genau, wann Sie das Ziel erreicht haben.

Schließen Sie die Augen, und malen Sie sich ein genaues Bild von der Zukunft. Ihr Unterbewußtsein wird die nötigen Voraussetzungen schaffen, wenn Sie das Ziel mit restloser Deutlichkeit vor dem geistigen Auge entstehen lassen. Je präziser Ihre Vorstellung ist, um so intensiver können Sie darauf hinarbeiten.

2. Haben Sie Ihr Ziel positiv formuliert?

Denn worum geht es Ihnen, wenn Sie sagen: Ich will nicht mehr als kleiner Angestellter arbeiten. Das kann alles Mögliche bedeuten. Sie können sich selbständig machen, aber auch arbeitslos sein. In beiden Fällen wäre das Ziel erreicht. Sagen Sie lieber: Ich möchte Abteilungsleiter werden.

Zielformulierungen sollten ein „Hin zu …", kein „Weg von …" beinhalten. Sie kennen die Aussage entweder von sich selbst oder von anderen: „Ich möchte nicht mehr rauchen." Doch damit ist der Fokus immer wieder aufs Rauchen gerichtet. Wenn es Ihr Ziel ist, nicht mehr zu rauchen, dann fokussieren Sie sich mit dieser Aussage auf den Moment des Rauchens. Ihr Fokus liegt in der Vergangenheit und Gegenwart, aber nicht in der Zukunft. Besser wäre es, dieses Ziel so zu formulieren: „Ich atme in jeder Minute klare und gesunde Luft."

Es gibt immer tausend Möglichkeiten, wo Sie hinkommen können. Sagen Sie hingegen ganz konkret, wo sie hin wollen, als „Hin zu …", dann schaffen Sie eine Kraftzentrierung, die Sie genau zu diesem Punkt führen wird.

3. Ist das Ziel aus eigener Kraft zu erreichen, oder ist es von äußeren Umstände abhängig?

Wenn es Ihr Ziel ist, eine Million im Lotto zu gewinnen, haben Sie eine sehr kleine Chance. Besser ist es wohl, eine Million durch eigene Arbeit zu verdienen.

Wenn Sie auf äußere Umstände oder auf andere Menschen angewiesen sind, haben Sie die schlechtesten Karten der Welt, um irgendwo anzukommen. Also, achten Sie darauf, daß Sie Ihre Ziele eigenständig erreichen können, daß Sie all das selbständig herbeiführen können, was nötig ist. Übernehmen Sie die Verantwortung für sich selbst.

4. Sind Ihre Ziele mit Ihrem jetzigen Leben vereinbar?

Was nützt Ihnen das Ziel, in zwei Jahren als Holzfäller in den kanadischen Wäldern zu arbeiten, wenn Sie niemals auf Ihre geliebte Ehehälfte verzichten würden, die nun aber mal auf keinen Fall die attraktive Großstadt gegen frische Waldluft eintauschen will?

Ziele sollten realistisch sein und mit Ihrem gegenwärtigen Lebensumfeld übereinstimmen. Ziele sind immer nur aus dem gegenwärtigen Leben heraus definierbar. Und in diesem Zusammenhang sollten Sie spezifiziert und konkretisiert werden. Das macht sie vorstellbar und dadurch leichter erreichbar. Wie wollen Sie Ministerpräsident werden, wenn Sie sich derzeit noch nicht einmal für Politik interessieren? Das heißt natürlich nicht, daß solche Ziele niemals erreicht werden können. Aber es gehört eine große Menge Kreativität dazu!

5. Sind die Ziele sinnvoll?

Sind sie vereinbar mit Ihren Lebenswerten? Ein Ziel kann noch so verlockend sein – wenn es Ihren Lebenswerten entgegenstehen, werden Sie daraus keine Kraft auf dem Weg zu Ihren Visionen schöpfen. Denn immerhin stehen Ihre Lebenswerte mit den Talenten in engem Zusammenhang.

Hinterfragen Sie jedes Ziel, ob es mit Ihren Talent übereinstimmt und ein sinnvoller Schritt auf dem Weg zu Ihrer Vision ist. Überprüfen Sie Ihre Ziele immer wieder darauf, ob sie Hand in Hand miteinander arbeiten, sich gegenseitig Kraft und Unterstützung geben. Wenn die Ziele gegeneinander arbeiten, werden Sie vielleicht keines von ihnen erreichen.

Jedes Ziel, das Sie auf diesem Wege festlegen, ist ein durchaus erstrebenswertes Ziel, auch wenn Sie meinen, es sei ein nie zu verwirklichender schöner Traum. Aber Träume haben die Eigenschaft, sich zu verwirklichen. Und Ihr KO-BE-PRO wird Sie dabei unterstützen. Es bereitet Ihnen einen faszinierenden Weg zu den Visionen Ihres Lebens.

Ziele beinhalten eine interessante Eigendynamik. Sobald Sie sich ein Ziel setzen, weiß Ihr Unterbewußtsein, daß Ihre jetzige Situation nicht die ist, die Sie sich wünschen. Ihnen wird der Unterschied bewußt zwischen dem, was ist, und dem, was Sie anstreben. Ihr Gehirn empfindet Unzufriedenheit und setzt Kraft frei, diese Unstimmigkeit zu beseitigen.

Ein Ziel ist der Gedanke an ein erreichbares Resultat. Es ist ein Samenkorn, das in das Feld Ihres Geistes gepflanzt worden ist. Sie müssen Ihre Ziele klar formulieren. So präzise, daß Sie auch nachvollziehbar sind. Wenn Sie klare Ziele haben, können günstige Gelegenheiten sich nicht mehr vor Ihnen verstecken. Und Sie brauchen nicht überrascht zu sein, wenn sich das erfüllt, was Sie sich in der Vergangenheit gewünscht haben.

Auch ein Puzzle werden sie nur zusammensetzen können, wenn zwei Voraussetzungen gegeben sind: Sie kennen das vollständige Bild des Puzzles, und jedes einzelne Stück des Puzzles ist klar umrissen und erkennbar. Erst dann sind Sie in der Lage zu entscheiden, ob ein Teil paßt oder nicht. Und sollten Sie einmal versuchen, ein Teilchen dort einzusetzen, wo es nicht hingehört, werden Sie wohl kaum aufhören, das Bild zu vollenden. Sie werden sich umschauen und ein neues Teil versuchen einzusetzen, solange, bis Sie das gefunden haben, was paßt. Wenn Ihre Vision das vollständige Bild eines Puzzles ist, können Sie nur entscheiden, ob ein Ziel als Teil des Puzzles in Ihre Vision paßt, wenn dieses Ziel klar umrissen ist.

Ein Ziel gibt eine bestimmte Richtung vor. Wenn ich von dort, wo ich gerade stehe, nach Hause gehen will, wird es an einer Stelle richtig sein, links abzubiegen. Danach muß ich ein Stück geradeausgehen, dann rechts und dann nochmals links abbiegen. Ich kenne also den Weg und ich weiß, daß ich in die falsche Richtung gehe, wenn ich mich dort nach links wende, wo ich eigentlich nach rechts müßte. Das gleiche Prinzip gilt auch beim Erreichen von Zielen: Das, was mich von meinem Ziel wegführt oder ihm entgegensteht, ist falsch; was mich geradewegs zum Ziel hinführt, ist richtig. Es gibt also keine Definition von gut oder schlecht, falsch oder richtig ohne ein Ziel. Aber wenn Sie Ihr Ziel kennen und wissen, was in Ihrem Leben Priorität hat, dann können Sie beurteilen, ob etwas falsch oder richtig für Sie ist.

Meilensteine

Denken Sie über Ihre Ziele nach, und betrachten Sie den Punkt, an dem Sie jetzt noch stehen. Zu Anfang liegt ein Ziel noch in weiter Ferne. Es ist wie ein strahlendes Licht am Ende einer langen, dunklen Straße. Doch es kann passieren, daß wir plötzlich in einer kleinen Seitenstraße eine Laterne sehen, deren Licht uns wesentlich heller erscheint als das Licht am Ende der Straße. Wir weichen vom Weg ab, um zu ihm hinzugehen. Dann erscheint ein anderes Licht auf der linken Seite noch heller, und wieder wechseln wir die Richtung. Jedes Licht auf dem weiteren Weg empfinden wir als besonders anziehend, und irgendwann sind wir von dem Ziel ganz abgekommen.

Das gleiche passiert, wenn wir zwar das Ziel kennen, aber nicht wissen, was uns auf dem langen Weg dorthin begegnen wird. Wir werden überrascht von neuen Dingen, lassen uns oft von ihnen blenden und weichen immer mehr vom dem eigentlichen Ziel ab.

Wenn Sie von Ihrer Arbeitsstelle nach Hause fahren, haben Sie auf der Gesamtstrecke etliche Orientierungspunkte, die Ihnen sagen, wie weit Sie schon gefahren sind, wie weit Sie noch fahren müssen und in welcher Zeit Sie zu Hause sein werden. Vielleicht ist ein bestimmter Baum auf dem Heimweg für Sie der Hinweis, daß schon 50 Prozent der Strecke hinter ihnen liegen. Für Ihre Heimfahrt haben Sie sich klare Meilensteine gesetzt, um Entfernung und Zeit abschätzen zu können. Und ein ganz bestimmtes Merkmal, vielleicht das grüne Gattertor auf der rechten Seite des Weges, läßt Sie einfach sagen: „Schön, ich bin zu Hause."

Auch Delphine in Aquarien erlernen das Springen Schritt für Schritt. Der Trainer legt ein Seil in das Bassin, und nur über dem Seil gibt es Futter. Das Seil wird Tag für Tag, Woche für Woche, Monat für Monat immer höher gelegt. Und der Delphin lernt, daß es Futter ausschließlich über der Leine gibt. Eines Tages liegt das Seil über dem Wasser und der Delphin weiß, er muß springen, um an das Futter zu kommen. Je höher das Seil gezogen wird, um so höher muß der Delphin springen. Das geht so weit, wie es den Fähigkeiten des Tieres entspricht.

Eine weite Autofahrt, vielleicht von Köln nach Salzburg, erscheint viel leichter zu bewältigen, wenn sie in kleinere Teilstücke unterteilt wird. Ihr erstes Ziel kann zum Beispiel Frankfurt sein. Dort angekommen, wird vielleicht München Ihr nächstes Ziel sein. Ihre Ziele werden so zeitlich und inhaltlich überschaubar. Jedes erreichte kleine Ziel können Sie als einen Erfolg verbuchen. Jeder Schritt auf Ihrem Weg zum Ziel wird Ihnen ein Gefühl der Zufriedenheit geben. Meilensteine sind überschaubare Zwischenziele. Und sie sind extrem wichtig, um sich nicht zu überfordern.

Machen Sie es mit Ihren Zielsetzungen ebenso wie bei der Autofahrt nach Salzburg oder dem täglichen Heimweg. Setzen Sie die Meilensteine in einem möglichst geringen Abstand, um jederzeit überprüfen zu können, wo Sie angekommen sind. Es ist schon etwas sehr Gutes, wenn Sie wissen, wo Sie in zwei Wochen angekommen sein wollen. Doch es ist um vieles besser, wenn Sie sich zudem auf ein Zwischenziel konzentrieren und sich nicht ablenken lassen von Dingen, die nichts damit zu tun haben.

Derjenige, der in seinem Leben das erreicht, was er haben will, gibt sich nicht damit zufrieden, nur das zu tun, was man von ihm verlangt. Er tut einfach mehr. Wenn Sie entschlossen sind, mehr zu tun als das Durchschnittliche, fangen Sie heute damit an! Wenn Sie gebeten werden, einen Kilometer zu gehen, gehen Sie aus eigenem Willen zwei Kilometer! Der Wille befähigt Sie zu großen Anstrengungen. Die Erfolge werden Sie stärken und wie eine Batterie Ihre Energie ständig neu aufladen.

Es ist eine schöne Sache, vor dem Schlafengehen noch einmal den Tag Revue passieren zu lassen. Überdenken Sie den Tag, und fragen Sie sich, ob Ihre Handlungen zielorientiert waren. Es ist ein wunderbares Gefühl, abends das erreicht zu haben, was man sich morgens vorgenommen hat. Selbst die langweiligste Arbeit wird annehmbar, wenn Sie die feste Überzeugung in sich tragen, daß jede Aufgabe, wie eintönig und anspruchslos sie auch ist, Sie einen Schritt näher an die Dinge heranführt, die für Ihr Leben wichtig sind. Ein Mensch, der oberflächlich ist, der schlampig und nachlässig arbeitet und seine Dinge nicht zu Ende führt, wird abends auch keine Zufriedenheit spüren. Er wird dieses Gefühl niemals kennenlernen.

Flexibilität

Sie haben sich durch Ihr KO-BE-PRO zum Schöpfer Ihrer Zukunft gemacht und sind nicht länger Opfer einer Realität, von der Sie glaubten, daß es die Ihre ist. Und trotzdem kann es sein, daß nicht alle Ziele in der von Ihnen gewünschten Schnelligkeit erreicht werden. Was also tun, wenn etwas nicht so funktioniert, wie Sie es sich wünschen? Was tun, wenn Sie bis zum festgesetzten Zeitpunkt nur 80, 50 oder sogar nur zehn Prozent des Gewünschten umgesetzt haben? Freuen Sie sich! Freuen Sie sich darüber, daß Sie den Weg beschritten haben, daß Sie den Mut hatten, etwas Neues zu wagen oder etwas zu verändern. Nehmen Sie sich einen weisen Satz der alten Griechen zu Herzen: „Wenn etwas nicht funktioniert, versuchen wir etwas anderes."

Denn natürlich sind die von Ihnen formulierten Ziele flexibel. Zwar haben Sie jetzt, während der vergangenen Arbeitswochen, Ihre Situation bewertet und daraus für sich faszinierende Ziele abgeleitet. Aber auf der Zeitlinie der Zukunft gibt es täglich und stündlich neue Konstellationen und Informationen. Grund genug, Ziele immer wieder neu zu bewerten und zu hinterfragen, notfalls neu zu definieren. KO-BE-PRO ist kein starres Programm, es ist gekennzeichnet durch seine Flexibilität.

Stellen Sie sich einmal vor, Ihre Vision sei ein wunderschöner, funkelnder Diamant im Zentrum eines großen Irrgartens. Und Sie sind nach langem Suchen in den Besitz eines Planes gekommen, anhand dessen Sie genau die Wege erkennen können, die zu dem Diamanten führen. Zielstrebig begeben Sie sich auf den offensichtlich kürzesten Weg. Aber je tiefer Sie in den Garten hineinkommen, um so mehr müssen Sie feststellen, daß der Plan wohl schon sehr alt ist. Er stimmt nicht mehr: Die Hecken sind nicht nur in die Höhe, sondern auch die in Breite gewachsen. Das macht den Weg zwar manchmal etwas mühsam, aber Sie kommen hindurch. Doch an einigen Stellen haben die Pflanzen neue, tiefe Wurzeln geschlagen, die den Weg versperren. Natürlich könnten Sie die in langer, anstrengender Arbeit mit Ihren Händen aus dem Boden graben, würden Sie darauf beharren, den einmal eingeschlagenen Weg fortsetzen zu wollen. Aber: Würden Sie das wirklich tun? Würden Sie nicht eher einen anderen Weg versuchen? Auch zu Ihrer Vision führen mehrere Wege. Und die Ziele, die Sie einmal festgelegt haben, mögen sich im Laufe der Zeit ändern, zum einen bedingt durch äußere Umstände und zum anderen durch Ihre persönliche Weiterentwicklung.

Kurskorrekturen sind immer sinnvoll und notwendig. Aber möglich sind sie nur, wenn Sie ein Lebensplanungssystem wie Ihr KO-BE-PRO entwickelt haben. Denn wenn Sie kein Ziel haben, ist jeder Weg richtig. Und wenn jeder Weg richtig ist, kann er weder korrigiert, noch kann von ihm abgewichen werden, um eine geeignete Richtung einzuschlagen.

Nun gibt es vier Möglichkeiten, die eintreten können, wenn Sie ein Ziel im Auge haben.

Die erste Möglichkeit

Sie haben sich vorgenommen, zu einem vorher festlegten Zeitpunkt an einer bestimmten Stelle zu sein. Wenn genau das eintritt: Herzlichen Glückwunsch! Der Kurs stimmt, alles paßt hervorragend.

Die zweite Möglichkeit

Bei der Zielüberprüfung stellen Sie fest, daß Sie schon viel weiter sind, als Sie eigentlich gedacht haben. Sie waren schneller. Einen besonders herzlichen Glückwunsch!

Die dritte Möglichkeit

Sie steuern zwar noch in die richtigen Richtung, liegen aber weit hinter Ihren Erwartungen zurück. Jetzt ist es wichtig, die Gründe dafür in Erfahrung zu bringen und zu überlegen, was zu tun ist, um weiter nach vorne zu kommen. Es ist ziemlich sinnlos, sich selbst zu kritisieren und Zeit zu verschwenden mit den Fragen, was alles hätte passieren müssen, um Ihre persönlichen Erwartungen zu erfüllen. Überlegen Sie besser, was Sie jetzt tun können, um weiterzukommen.

Die vierte Möglichkeit

Sie sind vom Kurs abgewichen und finden sich irgendwo wieder. Geben Sie jetzt nicht auf, sondern denken Sie daran: Aus dem Mißerfolg können Sie lernen. Überlegen Sie, wie Sie Ihre Richtung wiederfinden, und dann gehen Sie voll auf Kurs. Wenn Sie etwas erreichen wollen, gilt es einen Preis zu zahlen: Disziplin.

Eigentlich ist das Abweichen vom Kurs ein normales Geschehen. Egal, ob Sie mit dem Auto fahren, durch einen Wald wandern oder ein Schiff lenken, Sie werden niemals eine Strecke in gerader Linie bewerkstelligen können, sondern müssen unentwegt Ihren Kurs korrigieren. Wenn Sie das auf Ihre Lebensziele beziehen, ist es eigentlich normal, ein Ziel nicht wie geplant zu erreichen. Wichtig ist aber, daß Sie unterwegs ein Feedback über Ihren momentanen Standpunkt erhalten. Ihre Zwischenziele sind nicht nur Wegweiser, sie eignen sich auch bestens als Kontrollpunkte.

Wenn Sie vom Kurs abgekommen sind, korrigieren Sie ihn. Sollten Sie allerdings durch die Kursabweichung ein neues, viel wichtigeres Ziel erkennen, dann nehmen Sie diese Richtung auf. Doch machen Sie sich nichts vor: Wenn das ursprüngliche Ziel nach wie vor für Sie wichtig ist, sollten Sie nicht aufgeben. Verlieren Sie nicht den Mut, sondern entdecken Sie einen neuen Weg, der Sie wieder auf den Kurs zum Ziel bringt.

Seien Sie kreativ in der Suche nach Ihrem Weg. Denn schließlich ist es besser, einen Plan zu haben, der korrigiert wird, als gar keinen Plan zu haben und einer Lebensweise zu frönen, die letztlich zur sanften Verblödung führt.

Ziele sind sinnlos!?

Sollten Sie sich jetzt in der Sicherheit ewiger Zufriedenheit wägen, muß ich Sie allerdings enttäuschen. Denn letzten Endes ist jedes Ziel sinnlos!

„Verrückt", werden Sie wohl sagen, und: „Wieso sind Ziele sinnlos, und wieso habe ich mir dann so viel Arbeit gemacht?" Nun, aus einem ganz einfachen Grund. Stellen Sie sich vor, Ihr Ziel vor fünf

Jahren war es, Abteilungsleiter mit 20 Mitarbeitern zu werden. Die fünf Jahre sind um. Sie haben sich angestrengt, auf Freizeit verzichtet, intensiv an Ihrem Weiterkommen gearbeitet. Und eine kleine Feier innerhalb der Firma dokumentiert, daß Sie Ihr Ziel erreicht haben. Sie glauben, jetzt können Sie sich hinsetzen und das Erreichte genießen? Von wegen! Ein Ziel ist niemals ein Schlußpunkt. Denn mit Sicherheit kommen mit dem erreichten Ziel neue Aufgaben auf Sie zu. Sie müssen mehr Verantwortung übernehmen, Ihre Führungsqualitäten verbessern, mehr über Ihr Fachgebiet lernen. Und schon setzen Sie neue Prioritäten, bilden sich neue Ziele.

Und bestimmt sind in den vergangenen fünf Jahren neue Ideen entstanden, die auch schon wieder neue Ziele vorgeben. Denn wenn Sie es bis zum Abteilungsleiter geschafft haben, können Sie doch anschließend einen Sitz im Vorstand anstreben. Und natürlich ist der berufliche Aufstieg auch mit einem höheren Einkommen verbunden. Warum also nicht ein größeres Haus in einer schöneren Gegend kaufen? Wieder ein Ziel.

Denken Sie an die Ziele, die Sie bisher erreicht haben. Mit Sicherheit haben Sie jedesmal eine interessante Erfahrung gemacht: Das Ziel an sich ist leer. Denn erstens haben Sie eine Menge Arbeit gehabt, um es zu erreichen, und zweitens ist es gewöhnlich nur die Vorstufe für das nächste Ziel. Das geht Schritt um Schritt weiter, bis ins Unendliche. Ein erreichtes Ziel ist der Ausgangspunkt für das nächste, und bereits auf dem Weg dorthin tauchen neue Wünsche auf. Ziele reihen sich aneinander wie die Glieder einer Kette. Doch sie bilden keine gerade Linie, führen in keine Richtung, sondern wachsen spiralförmig umeinander herum. Sobald eines erreicht ist, schließt sich schon das nächste an. Wie schon Wilhelm Busch sagte: „Ein jeder Wunsch, der sich erfüllt, kriegt augenblicklich Junge." Warum dann also überhaupt Ziele?

Ziele gleichen Defizite aus. Der Punkt, an dem Sie sich in Ihrem jetzigen Leben befinden, ist dadurch gekennzeichnet, daß Sie einen Mangel empfinden. Irgend etwas fehlt zu Ihrer Zufriedenheit. Und Sie glauben, das angestrebte Ziel werde dieses Defizit beheben. Doch mit jedem erreichten Ziel stellen Sie fest, daß es noch mehr gibt, was Ihre Zufriedenheit steigern könnte. Erreichte Ziele setzen niemals den Schlußpunkt, aber sie eröffnen immer wieder neue Möglichkeiten.

Ziele haben einzig und allein die Aufgabe, Sie in Bewegung zu bringen. Zu mehr haben Ziele keinen Sinn. Ziele setzen Handlungen in Gang, sie machen den Kopf frei und lassen Sie – so paradox es auch klingen mag – die Ziele vergessen. Ziele schenken Ihnen ein Leben im Heute. Es ist ohne Belang, was heute wäre, wenn Sie damals hätten ... oder was morgen sein wird, wenn ... Sie trauern weder der Vergangenheit mit ihren verschenkten Chancen nach, noch hoffen Sie auf die eventuellen Möglichkeiten in der Zukunft. Sie handeln jetzt, immer eine Vision im Auge, die sich aber auf Ihrem weiteren Weg bestimmt verändern, erneuern oder vervollkommnen wird.

4. Ressourcen freisetzen

Auch wenn Sie jetzt Ihre Ziele für die nächsten Jahre kennen, wenn Sie überzeugt sind, alle nötigen Voraussetzungen zu haben, wenn Sie sogar wissen, was es Sie kosten wird, diese Ziele nicht zu erreichen – es kann trotz allem noch etwas geben, was Sie davon abhält. Selbst wenn Sie schon auf dem Weg sind, kann es Ihnen zwischendurch passieren, daß unerwartete Hindernisse auftauchen, die Ihnen die Sicherheit rauben.

Hindernisse können alles Mögliche sein: mangelnde Disziplin, fehlendes Selbstvertrauen, vielleicht Unsicherheit bei wirtschaftlichen Entscheidungen. Und dann diese unangenehmen Stimmen, die Ihnen häufig so quälende Gedanken soufflieren: „Ich bin zu klein, zu dick, zu häßlich! Ich kann das nicht! Das geht nicht, weil ich das und jenes nicht gelernt habe!" Kennen Sie all diese destruktiven Für und Wider?

Denken Sie daran: Gegen jedes Übel ist ein Kraut gewachsen. Wenn Sie wissen, was Sie zurückhält, wissen Sie auch, woran Sie arbeiten müssen, um das Ziel anzugehen. Schreiben Sie zuerst einmal auf, was Sie in der monentanen Sicht daran hindern könnte, Ihre Ziele zu erreichen. Schreiben Sie ganz links Ihr Ziel, rechts daneben die Hindernisse und ganz rechts das, was Sie dagegen tun können.

Ziel	Hindernisse	Maßnahmen

Diabolo

Jetzt folgt jetzt ein interessanter Test, mit dem Sie noch bestehende Hindernisse oder Beschränkungen analysieren und Wege zu deren Beseitigung finden können. Sie brauchen dazu allerdings einen anderen Menschen, jemanden, dem Sie wirklich vertrauen. Denn wenn die Beziehung zwischen Ihnen und dem Mitspieler nicht stimmt, kann das leicht zu Verletzungen führen.

Nehmen wir einmal an, Sie möchten sich innerhalb des nächsten Jahres selbständig machen. Sie glauben aber, daß Ihnen die mangelnde Disziplin im Wege steht. Nennen Sie Ihrem Partner das Ziel und das Hindernis, das Sie von der Verwirklichung abhält. Und dann kann's schon losgehen: „Ich werde mich im nächsten Jahr selbständig machen." „Das schaffst du doch sowieso nicht, bei deiner mangelnden Disziplin." „Natürlich werde ich es schaffen. Ich werde mir einen genauen Plan aufstellen, was ich zu tun habe." „Das nützt bei dir auch nichts. Denn was du dir für einen Tag vorgenommen hast, wirst du dann auf irgendwann verschieben." „Ich kann den Plan doch dort aufhängen, wo ich ihn immer vor Augen habe, damit ich an mein Vorhaben erinnert werde." „Das ist doch Blödsinn. Wenn du dich dann umdrehst, bist du mit deinen Gedanken schon wieder woanders." Und, und, und ...

Ihr Mitspieler macht Ihnen einfach alles mies. Mit Ihren Antworten können Sie aber Wege finden und sich selbst davon überzeugen, daß es Möglichkeiten gibt, das Hindernis zu beseitigen. Natürlich hat dieser Test auch dann einen Sinn, wenn Sie schon auf dem Weg zum Ziel sind, aber an irgendeiner Stelle nicht mehr weiterkommen.

Powervolles Denken

Die Vision eines zwölfjährigen Jungen war, ein berühmter Pianist zu werden. Seine Eltern lachten ihn aus und meinten: „Das kannst du doch gar nicht." Der Junge ließ aber nicht locker, und nach einigen Monaten hatte er seine Eltern davon überzeugt, daß es ihm ernst war. Die Mutter suchte nun also einen erstklassigen Lehrer, und als der gefunden war, stand auch schon bald die erste Klavierstunde an. Der Lehrer besah sich sehr ernsthaft die Hände des Jungen und meinte dann: „Es hat keinen Zweck, du wirst niemals das Klavierspielen lernen. Deine Hände sind viel zu klein." Natürlich hätte der Junge auch später noch viele Möglichkeiten gehabt, einen neuen Schritt hin zu seiner Vision zu wagen. Aber jedes Mal, wenn er nur daran dachte, sagte ihm eine leise, innere Stimme: „Das kannst du nicht." Die Angst, zu versagen, hinderte ihn daran, es einfach einmal zu versuchen. Irgendwann blickte er nur noch betrübt auf seine in weiter Ferne liegende Vision. Und die Mauer der hinderlichen Gedanken machte es ihm selbst den ersten Schritt unmöglich.

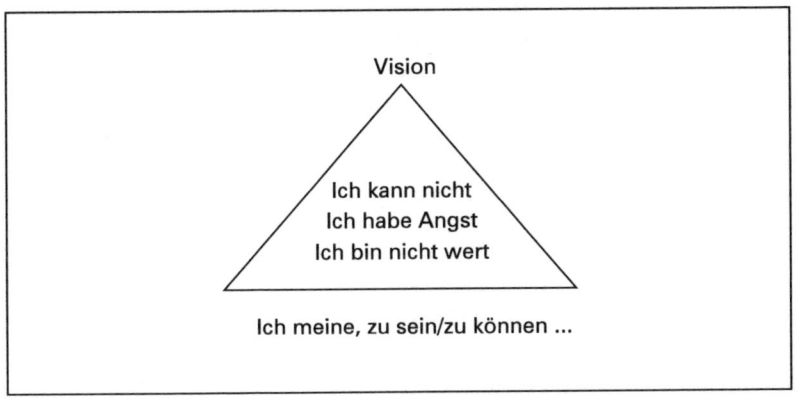

Wenn auch Sie sich durch solches Denken an der Umsetzung mancher Ziele gehindert fühlen, nutzen Sie die Kraft des negativen Denkens. Ja, Sie haben richtig gelesen. Zwar spricht alle Welt von der Kraft des positiven Denkens. Aber unter bestimmten Voraussetzungen kann auch negatives Denken eine große Kraft verleihen. Und daß Möglichkeiten und Chancen auch in Schwächen liegen, haben Sie ja schon bei einer der Prüfungen feststellen können.

Wenn Sie es ausprobieren möchten, brauchen Sie einen „Mitspieler". Sie versetzen sich in eine Stimmung voller Kraft, Spaß und Enthusiasmus. Denken Sie an etwas Schönes, was Ihnen große Energie verleiht. Und aus dieser Stimmung heraus erzählen Sie, daß Sie Ihre Ziele ja doch nie erreichen werden. Nennen Sie dem Mitspieler alle Gründe, die das unmöglich machen. Wichtig ist, daß Sie währenddessen in dem kraftvollen Zustand bleiben. Verbinden Sie die Hindernisse für Ihren Erfolg mit Humor und Spaß. Wenn dann tatsächlich eine dieser Schwierigkeiten auftaucht, werden Sie sich an diese Übung und an das damit verbundene positive Gefühl erinnern. Das Hindernis verliert seinen Schrecken, es kann Sie nicht entmutigen. Sie behalten weiterhin die Verwirklichung des Ziels im Auge.

Ist der Tank voll genug?

Ziele konsequent zu verfolgen, kostet eine Menge Kraft und Energie. Sicherlich erhalten Sie schon durch die Vorfreude und die Begeisterung für die Sache viel Antrieb. Aber trotz allem kann es passieren, daß Sie in Situationen geraten, in denen Sie sich abgekämpft und mutlos fühlen. Zudem konfrontiert das Leben Sie vielleicht noch zusätzlich mit unangenehmen Ereignissen, die nichts mit Ihrem Weg zu tun haben, die Sie aber trotzdem bewältigen müssen. Dann brauchen Sie einfach etwas, um das Energie-Reservoir wieder aufzufüllen.

Kaufen Sie sich ein kleines Notizbuch, und beschreiben Sie darin die vorhandenen Voraussetzungen für Ihre Ziele, die Sie in einem Jahr verwirklichen möchten. Welches fachliche Können steht Ihnen zur Verfügung? Welche Fähigkeiten haben Sie, die Sie für die Verwirklichung einsetzen können? Wieviel Zeit brauchen Sie dafür, und wieviel Disziplin ist notwendig? Welche Möglichkeiten können Sie nutzen, um es zu erreichen? Überzeugen Sie sich davon, daß alle Voraussetzungen vorhanden sind, um das Ziel tatsächlich in einem Jahr zu realisieren. Verwahren Sie das Büchlein als Überzeugungshilfe. Wenn Sie irgendwann einmal nicht mehr weiter wissen, finden Sie hier vielleicht Aufzeichnungen, die Ihnen wieder neue Kraft geben.

Erinnern Sie sich doch einmal an all die Menschen, die das erreicht haben, was auch für Sie wichtig ist. Lernen Sie von diesen Menschen, was Sie für Ihre Zielerreichung brauchen. Schreiben Sie ihre Namen auf und setzen Sie hinzu, welche Qualitäten und Verhaltensweisen diese Menschen in Ihren Augen erfolgreich machen. Welche wesentlichen Ideen würden sie Ihnen mit auf den Weg geben? Wie würden sie an Ihrer Stelle handeln? In einer besonders schwierigen Situation laden Sie ruhig mal all diese Ratgeber gedanklich zu sich ein. Irgendeiner wird Ihnen bestimmt weiterhelfen können. Nutzen Sie ihr Wissen und ihre Erfahrungen. Denn warum sollten Sie das nicht schaffen, was vor Ihnen andere auch schon geschafft haben?

Der Erfolgsverstärker

Bei den Prüfungen haben Sie mehrfach mit der Kraft Ihrer bildlich Vorstellung unter Beteiligung aller Sinne gearbeitet. Dieses Visualisieren ist ein Instrument par excellence, um eine Vision so sehr mit Leben zu erfüllen, daß sie immer wieder neue Kraft für die Umsetzung der Ziele gewinnen.

„Ein Bild sagt mehr als tausend Worte." Recht hat der Volksmund. Unser Gehirn braucht Bilder, um richtig arbeiten zu können. Und Sie sind der Magier, der diese Bilder formt und sie kraft seiner Vorstellung beseelt, damit sie ins Leben eingehen können.

Lassen Sie mich deutlicher machen, was ich meine:

Wenn Sie zu Ihrem Nachbarn gehen und ihn bitten, Ihnen seinen Gaschla zu leihen, wird er wahrscheinlich dumm aus der Wäsche gucken und lange überlegen müssen, was Sie meinen. Er hat kein Bild von einem Gaschla im Kopf. Bitten Sie ihn dagegen, Ihnen den Gartenschlauch zu leihen, weiß er sofort, was Sie meinen. Unser Gehirn muß zu allem, was es verstehen will, ein Bild haben.

„Nach einem mathematischen Theorem muß jede Theorie, die der Quantenmechanik und der Relativität gehorcht, immer auch der kombinierten Symmetrie CPT gehorchen." Wer gehorcht hier wem? Wenn Sie sich nicht gerade mit Physik beschäftigen, können Sie sich wohl kaum vorstellen, was gemeint ist. Das Wort „vorstellen" weist darauf hin, warum Sie diesen Satz nicht verstehen. Ihnen fehlt ein Bild. Und unserem Gehirn ist es am liebsten, ein möglichst genaues Bild zu bekommen, um sich etwas wirklich vorstellen zu können. Bilder lösen Gefühle aus, die Seele denkt in Bildern.

Aus der Gehirnforschung liegen Untersuchungen vor, daß gedanklich vorweggenommene Ereignisse bei intensiver bildlicher Vorstellung sich ebenso nachhaltig einprägen wie wirkliche Geschehnisse. Dem

Gehirn ist es nämlich völlig schnuppe, ob ein Bild aus der Vergangenheit, der Gegenwart oder der Zukunft stammt. Es kann zwischen Erlebtem und Vorgestelltem nicht unterscheiden. Jedes Bild wird Bestandteil des geistigen Inventars. Und das können Sie sich zunutze machen. Denn das, was schon in der Erinnerung ist, braucht nur noch ausgeführt zu werden. Sie können ein einzelnes Bild sehen oder mehrere aneinandergereiht, Sie können eine ganzen Film drehen, aber eins müssen Sie immer tun: Stellen Sie sich in den Mittelpunkt des Geschehens. Und noch eins: Lassen Sie alle Sinne beteiligt sein. Es gibt viel zu sehen, hören, riechen, schmecken, tasten.

Wahrscheinlich gibt es Menschen, die jetzt behaupten, keine Bilder sehen zu können. Irrtum! Bewußtes Visualisierung kann gelernt werden. Schauen Sie sich jetzt kurze Zeit irgendeinen Gegenstand an, dann schließen Sie die Augen und wiederholen innerlich das gerade Gesehene. Vielleicht fehlt noch ein wenig Farbe, aber ich bin sicher, es klappt. Manche Menschen haben Schwierigkeiten, das eigene Gesicht zu visualisieren. Schauen Sie sich morgens und abends eine halbe Minute im Spiegel an – übrigens eine gute Gelegenheit, um sich selbst einmal anzulächeln –, und während des Zähneputzens schließen Sie die Augen und wiederholen das Bild des Spiegels. Wenn es dann mit dem Bild klappt, holen Sie nach und nach Farben, Geräusche, Gerüche, Gefühle und Geschmack ins Bild.

Auch beim Visualisieren macht Übung den Meister. Versuchen Sie jetzt einmal, sich etwas vorzustellen, was es nur in Ihrer Phantasie gibt. Schließen Sie noch einmal die Augen, und stellen Sie sich vor, wo Sie leben wollen und wie Sie dort leben wollen. Machen Sie sich in Ihrer Vorstellung ein möglichst lebhaftes Bild, und sehen Sie sich mittendrin. Dann nehmen Sie sich einen Bogen Papier und schreiben auf, was Sie gesehen haben. Gehen Sie in alle Einzelheiten, schildern Sie die Anordnung von Gegenständen, die Einrichtung von Räumen, beschreiben Sie Farben, Geräusche, Gerüche, wie Sie aussahen und das, was Sie getan haben. Gehen Sie auf die Gefühle ein, die Sie bei Ihrer Vorstellung hatten. Das gleiche können Sie natürlich mit jeder Situation tun. Wie wär's denn mit der Vorstellung von einem idealen Tag? Mit wem verbringen Sie diesen Tag? Wo befinden Sie sich? Wie beginnen Sie den Tag und was tun Sie danach? Schreiben Sie jedes Detail auf, und beteiligten Sie auch hier wieder alle Sinne daran.

Gedanken sind Baumeister unseres Schicksals. Denken Sie an Ihre Vision, und stellen Sie sich vor, wie es ist, wenn Sie sie erreicht haben. Wie sieht das aus? Machen Sie sich in Ihrer Phantasie ein exaktes Bild davon und schreiben Sie es anschließend auf.

Ihre Vision ist es, Besitzer eines Buchladens zu sein? Okay, schließen Sie die Augen, und die Reise in die Zukunft kann beginnen. Wie ist Ihr Geschäft eingerichtet, wie viele Räume gibt es, wie sind die Räume miteinander verbunden, welche Bücher stehen in den Regalen? Gehen Sie hin und lesen Sie die Titel. Vielleicht liegt ein ganz bestimmter Geruch in den Räumen. Hören Sie die leisen Gespräche Ihrer Kunden. Gibt es Musik? Haben Sie Mitarbeiter? Was tun die gerade? Wie sehen Sie sich selbst? Stellen Sie sich Ihr Gesicht vor, Ihre Kleidung, was Sie gerade tun. Versuchen Sie, den Bildern Farben zu geben. Wie haben Sie das Geschäft dekoriert? Fühlen Sie über die Bücher, die Regale. Ist es Holz oder Glas? Fühlt es sich warm oder kühl an? Malen Sie sich die entsprechenden Bilder in den kräftigsten Farben aus.

Welche Gefühle haben Sie bei Ihrer Vorstellung Ihrer Vision? Sind Sie stolz, glücklich, selbstsicher oder energievoll? Wenn Sie eher Unsicherheit, Mutlosigkeit oder sogar etwas Angst spüren, überlegen Sie, wodurch diese Gefühle entstehen und ob Sie sich Ziele gesetzt haben, die Sie aus dem Weg räumen können. Wenn Sie Ihre Vision visualisieren, müssen die Gefühle stimmen.

Ihnen ist sicher klar, daß diese Übung mehrfach durchgeführt werden muß. Sie kennen den Effekt aus der Werbung: Erst durch Wiederholung prägt sie sich ein, und natürlich können Sie jedes Ziel, das Sie in Ihrem KO-BE-PRO definiert haben, ebenfalls visualisieren. Dann merken Sie aufgrund Ihrer Gefühle sofort, ob sie stimmig sind oder noch einer Verbesserungen bedürfen.

5. Erinnern

Wahrscheinlich kennen Sie das: Sie haben sich fest vorgenommen, ein wichtiges Vorhaben zu erledigen. Und dann kommen die vielen alltäglichen Aufgaben und die kleinen Ablenkungen, und nach ein paar Tagen fällt Ihnen auf, daß Sie Ihr Vorhaben immer noch nicht angegangen sind. Sie haben es regelrecht vergessen – obwohl es Ihnen doch so wichtig erschien.

Mit den festgelegten Zielen wird es Ihnen vielleicht ähnlich ergehen. Sie sind sich absolut sicher, daß Sie Ihre Ziele mit Elan anstreben werden. Denn schließlich versprechen sie eine begeisternde Zukunft! Dann haben Sie das Buch zu Ende gelesen, legen es zur Seite und gönnen sich erst einmal ein paar Tage Verschnaufpause. Und nach einer Woche oder nach einem Monat fällt Ihnen auf, daß Sie noch nicht einmal den klitzekleinsten Schritt in Richtung eines Ihrer Ziele getan haben.

Ziele einmal festgelegt zu haben, reicht nicht aus. So werden Sie Ihren Visionen niemals näherkommen. Ziele müssen stetig erinnert werden, nicht nur im Denken, sondern auch im Tun. Die vielen kleinen Zwischenziele, die Sie als Meilensteine auf dem Weg zu Ihrem Ziel festgelegt haben, wollen nach und nach erledigt werden, sonst wird die Entfernung zwischen spät und zu spät immer kürzer. Aber wenn Sie täglich etwas tun, das die Visionen näherrücken läßt, wird die Entfernung immer größer. Selbst wenn es jetzt schon spät zu sein scheint.

Was würden Sie wohl einem Sportler sagen, der Ihnen erzählt, sein Ziel sei es, innerhalb des nächsten halben Jahres eine neue Bestmarke zu erreichen, und er sei sicher, dieses Ziel zu erreichen. Doch dann legt er sich auf die faule Haut und tut einfach nichts. Ihnen ist wohl klar, daß er sein Ziel so nur verfehlen kann. Jeder Sportler, der höher springen, weiter werfen, schneller laufen will, weiß, daß er etwas dafür tun muß, daß er jeden Tag erneut sein Ziel im Auge haben und sich anstrengen muß. Jeder halbe Zentimeter höher oder weiter, jede Zehntelsekunde schneller ist ein Triumph und spornt an zu weiteren Anstrengungen.

Mit Ihren Zielen verhält es sich ebenso. Sie müssen Ihren KO-BE-PRO-Zielen täglich den Boden für eine reale Zukunft bereiten. Und sind die Ziele einmal wie ein Brandzeichen in Ihrem Gehirn verankert (stellen Sie sich das ruhig plastisch vor!), dann können Sie in – fast – jedem Moment Ihres Lebens auch die sich bietenden, alternativen Möglichkeiten daraufhin prüfen, inwieweit Sie Ihre Ziele unterstützen und Ihnen ein vergnügtes, faszinierendes Leben bieten.

Aber: Wiederholung ist die Mutter aller Fähigkeiten. Und nur wenn Sie täglich – wie der Sportler – Ihren Zielen dienende Handlungen unternehmen, nur dann können Sie sicher sein, dort anzukommen, wo Sie hinwollen.

Verstärkungen

Unterstützende Möglichkeiten, seine Ziele immer mehr in das tägliche Denken und Tun zu integrieren, sind die „Verstärkungen". So simpel und banal sie auch erscheinen mögen, sie dringen tief in das Unterbewußte, und, dort einmal verankert, haben sie Auswirkungen auf unsere Gedanken und unsere Handlungen.

Die Verstärkungen wirken besonders nachhaltig, wenn Sie Elemente beinhalten, die unsere Sinne ansprechen. Jeder Mensch hat unterschiedlich stark ausgeprägt Sinneskanäle. Der eine reagiert auf einen visuellen Reiz, ein anderer auf auditive Wahrnehmungen, für den dritten ist das Kinästhetische, das Fühlen und Tasten, sehr wichtig, der vierte wird angesprochen über den Geschmacks-, und wieder ein anderer über den Geruchssinn.

Gestalten Sie die Verstärkungs-Übungen, die ich Ihnen gleich vorstellen möchte, so, daß möglichst viele Sinneskanäle miteinbezogen werden. Legen Sie Ihre Lieblingsmusik auf, nehmen Sie einen Gegenstand in die Hand, der sich besonders angenehm anfühlt, lassen Sie den Wohlgeruch eines Duftöls oder Parfüms durch die Wohnung ziehen, stellen Sie einen wunderschönen Blumenstrauß an den Platz, an dem Sie die Verstärkung durchführen wollen. Sollten Sie den Geschmackssinn bevorzugen, dann können Sie beispielsweise zu Beginn einen aromatischen Tee trinken.

Die erste Verstärkung

Machen Sie KO-BE-PRO zu Ihrer geheimen Zauberformel, die Sie von nun an ständig begleitet und an Ihre Ziele erinnert.

Die erste Verstärkung ist ein einmaliger Vorgang. Schaffen Sie sich einen stimmungsvollen Rahmen, und auf kleine Kärtchen schreiben Sie die Formel „KO-BE-PRO". Statt „KO-BE-PRO" können Sie natürlich auch ein Wort, Ihren Namen oder ein Symbol nehmen. Wichtig ist, daß Sie die Formel, das Wort oder Symbol mit den in Ihrem KO-BE-PRO definierten Zielen verbinden können.

Dann hängen Sie diese Kärtchen überall dort auf, wo Sie sich häufig aufhalten, und zwar so, daß Sie so oft wie möglich in Ihren Blick geraten: am Spiegel im Badezimmer, gegenüber Ihrem Frühstücksplatz, an das Armaturenbrett Ihres Wagens, am Arbeitsplatz, im Wohnzimmer, im Schlafzimmer ...

Auch wenn Sie diese Kärtchen nach kurzer Zeit nicht mehr bewußt wahrnehmen, Sie können sicher sein, daß Ihr Unterbewußtes sie viel aufmerksamer wahrnimmt als Ihr Bewußtsein.

Die zweite Verstärkung

Bauen Sie sich Ihre KO-BE-PRO-Welt: Mit kleinen Gegenstände, die Sie als Symbole für Ihre Ziele und Visionen ausgewählt haben, errichten Sie sich ein innerhalb Ihrer Wohnung ein plastisches Bild Ihrer Zukunft. Nehmen Sie sich jeden Tag zehn Minuten Zeit, schauen Sie auf die Gegenstände und benutzen Sie dabei Ihre Sinnes-Anker. In dieser fast meditativen Stimmung lassen Sie all die angenehmen Gefühle aufsteigen, die mit der Zielerreichung verbunden sind. Sollten Sie in schwierigen Situationen nicht mehr so recht an die Verwirklichung der Ziele glauben, können Ihnen bei dieser Verstärkung ganz neue Ideen kommen.

Die dritte Verstärkung

Hier geht es darum, zu jeder Zeit und in jeder Situation ein kleine, für andere nicht wahrnehmbare Verstärkung durchzuführen, die sofort an Ihr KO-BE-PRO erinnert. Sollten Sie also einmal in der Lage sein, sich zwischen mehreren Erledigungen entscheiden zu müssen, dann ist die „Drei-Finger-Technik" äußerst effektiv. Sie brauchen dafür nicht mehr als das, was Sie sowieso immer bei sich haben: eine Ihrer beiden Hände.

Doch bis es funktioniert, bedarf es einiger Vorbereitung: Mindestens eine Woche lang nehmen Sie sich täglich fünf Minuten Zeit, in denen Sie sich von nichts und niemanden stören lassen. Schließen Sie die Augen und zählen Sie langsam und konzentriert von zehn bis eins zurück. Dann legen Sie Daumen, Zeige- und Mittelfinger einer Hand aneinander und sprechen leise vor sich hin: „Immer wenn ich die drei Finger dieser Hand aneinanderlege, erinnert mich mein Unterbewußtes an mein KO-BE-PRO, und ich werde das für mich Richtige tun." Wiederholen Sie diesen Satz mehrere Male.

Allerdings sollten Sie sich auch zwischendurch so oft wie möglich die fünf Minuten Zeit nehmen, um die „Drei-Finger-Technik" noch stärker in Ihr Unbewußtes eindringen zu lassen.

Die vierte Verstärkung

In den frühen Stunden eines jeden Sonntag arbeiten Sie Ihr KO-BE-PRO inhaltlich durch. Schaffen Sie sich dafür eine angenehme Atmosphäre, in der Sie natürlich wieder ihre Sinnes-Anker nutzen. Nutzen Sie die Erfahrungen und Erkenntnisse aus der vergangenen Woche, um Ihr KO-BE-PRO immer weiter zu verbessern und zu konkretisieren.

Die fünfte Verstärkung

Es ist eine Sache, Ziele und Visionen mit den vorherigen Verstärkungen sozusagen im stillen Kämmerlein zu stützen. Eine andere ist es, sie jemandem mitzuteilen und eine zusätzliche Verstärkung durch sein wiederholtes Nachfragen nach Ihren Erfolgen zu erfahren. Sicherlich können Sie so nebenbei erwähnen, daß Sie in einem Jahr dieses, nach einem weiteren Jahr jenes geschafft haben werden. Nur: Das wird nicht viel nützen. Es wird nur kurz in der Erinnerung des anderen bleiben. Wenn Sie ihm hingegen mit einem ernsthaften Versprechen Ihr Wort darauf geben, dann sind Sie in die Pflicht genommen.

Es ist eine Stärke, das einem anderen Menschen gegebene Versprechen einzuhalten, und Sie brauchen Energie, um die richtigen Schritte zur Erfüllung des Versprechens zu tun. Aber gleichzeitig haben Sie damit auch einen Motor in Gang gesetzt, der Sie antreibt, das Ziel zu erreichen. Und eines ist sicher: Haben Sie einem Menschen Ihr Wort gegeben, wird er Sie immer wieder daran erinnern, bis Sie Ihr Versprechen eingelöst haben. Und damit schlagen Sie zwei Fliegen mit einer Klappe: Erstens sind Sie nicht nur auf die Selbsterinnerung angewiesen, und zweitens werden Sie bei jeder Nachfrage überprüfen, wie weit Sie Ihrem Ziel entgegengegangen sind.

Tun Sie das, wovon Sie sich am stärksten in die Verpflichtung genommen fühlen. Die hier vorgestellten Möglichkeiten sind nicht obligatorisch, sie wollen Ihnen nur einige Ideen liefern.

► Geben Sie Ihrem Lebenspartner das Wort, ein genau definiertes Ziel bis zu einem bestimmten Zeitpunkt erreicht zu haben.

► Schreiben Sie Ihrem besten Freund oder Ihrer besten Freundin einen Brief, in dem Sie genauestens das Ziel und den Weg dorthin beschreiben.

► Sprechen Sie mit anderen Menschen über Ihre Absichten. Mit Sicherheit werden Sie wiederholt gefragt, wie weit Sie Ihr Vorhaben schon umgesetzt haben.

► Suchen Sie sich einen vertrauenswürdigen Paten, dem Sie in einem Brief die drei wichtigsten Ziele mitteilen und ihm erklären, warum es für Sie so wichtig ist, diese Ziele zu erreichen. Schreiben Sie ihm, welchen Nutzen diese Ziele haben, was es kosten wird, sie zu erreichen, und was es kosten wird, sie nicht zu erreichen.

Die sechste Verstärkung

Es ist sicherlich eine große Hilfe, einem anderen Menschen sein Wort zu geben. Ein Vertrag mit sich selbst, besiegelt durch die eigene Unterschrift, ist um vieles effektiver – vorausgesetzt natürlich, Sie sind jemand, der sich selbst ernst nimmt.

Vertrag mit mir selbst

Jeden Morgen kurz nach dem Aufwachen und jeden Abend direkt vor dem Einschlafen stelle ich mir mein KO-BE-PRO in Wort und Bild vor.

Mit geschlossenen Augen stelle mir zuerst das KO mit allen Unterpunkten vor, dann das BE und anschließend das PRO. Anschließend visualisieren ich das gesamte KO-BE-PRO.

Worte und Gedanken zu meinen Zielen setze ich in lebendige Bilder um. Ich nehme diese Bildwelt mit allen Sinne wahr und verbinde sie mit freudigen, positiven Gefühlen.

Diese Verstärkung führe ich zweimal an jedem Tag aus: jeden Morgen und jeden Abend!

Datum:

Unterschrift:

Diese Verstärkung sollten Sie wirklich morgens und abends und nicht irgendwann im Laufe des Tages durchführen. Denn kurz vor dem Einschlafen und nach dem Aufwachen sind Sie in einer entspannten Wahrnehmungsphase, in der es wesentlich leichter gelingt, sich etwas intensiv einzuprägen, als es tagsüber in der Wachphase möglich ist.

In der ersten Zeit wird es Ihnen eine Hilfe sein, das KO-BE-PRO griffbereit neben dem Bett zu haben, damit Sie es sich ansehen können, bevor Sie mit der inneren Vorstellung beginnen. Sie können das KO-BE-PRO auch auf ein großes Blatt Papier übertragen und an die Decke über dem Bett heften, um es bequem betrachten zu können. Wenn Sie die Möglichkeit haben, eine Kassette mit Ihrem KO-BE-PRO zu besprechen, dann tun Sie es! Sagen Sie sich in klaren Sätzen, welche Ziele Sie sich in jedem der Bereiche gesetzt haben. Denken Sie bitte daran: Formulieren Sie die Sätze möglichst konkret und in der Gegenwart.

Übrigens, wenn Sie nachts aufwachen, ist dieses Ritual viel angenehmer als das „Schäfchenzählen". Also ärgern Sie sich nicht, wenn aus irgendeinem Grund Ihre Nachtruhe gestört wird, sondern nutzen Sie die Zeit, um Ihr KO-BE-PRO noch stärker zu festigen. Das hat zusätzlich den angenehmen Nebeneffekt, daß die oft sorgenvollen Gedanken, die zu dieser Zeit so gerne in unseren Kopf kommen, durch positive Gedanken ersetzt werden und die weitere Nachtruhe um einiges erholsamer gestalten.

Nun kann es ja morgens oder abends Situationen geben, in denen es schwerlich möglich ist, Ihr Versprechen an sich selbst einzulösen: Sie haben verschlafen und müssen das Flugzeug erwischen, oder Sie sind übermüdet zu Bett gegangen und schlicht und einfach sanft entschlafen, bevor Sie diese Verstärkung durchführen konnten. Es ist sicher kein Beinbruch, wenn das einmal oder auch zweimal passiert. Leider ist der Mensch nur zu gern vergeßlich ... Und am Monatsende glauben Sie, den Vertrag mit sich selbst nur das eine Mal gebrochen zu haben, als Sie von der Geburtstagsfeier Ihres Bruders kamen.

Die siebte Verstärkung

Mit dem folgenden Chart möchte ich Ihnen eine Kontrollmöglichkeit an die Hand zu geben, damit es Ihnen leichter fällt, zu Ihrem Wort zu stehen. Mit diesem „Kalender" können Sie ein Jahr lang am Ende eines jeden Monats nachprüfen, wie oft Sie die sechste Verstärkung tatsächlich durchgeführt haben.

Kopieren Sie die folgende Seite und legen Sie das Blatt zu dem mit Ihrem KO-BE-PRO.

	J	F	M	A	M	J	J	A	S	O	N	D
1												
2												
3												
4												
5												
6												
7												
8												
9												
10												
11												
12												
13												
14												
15												
16												
17												
18												
19												
20												
21												
22												
23												
24												
25												
26												
27												
28												
29												
30												
31												

Die eingezeichneten Kästchen füllen Sie entsprechend aus:

Beide Kästchen sind rot:
■ ■ Sie haben die Verstärkung morgens und abends durchgeführt.

Nur ein Kästchen ist rot:
■ ☐ Sie haben die Verstärkung entweder nur morgens oder nur abends durchgeführt.

Die Kästchen sind weiß:

☐☐ Sie haben nichts getan, Ihr Wort gebrochen, sind faul gewesen und haben ein furchtbar schlechtes Gewissen (oder?).

Und zum Schluß: Noch einmal Collagen!

Wahrscheinlich haben Sie die in der ersten Prüfung erstellten Collagen aufbewahrt. Von denen dürfen Sie sich nun getrost verabschieden. Denn jetzt, nachdem Sie Ihr KO-BE-PRO erarbeitet, korrigiert und visualisiert haben, hat sich wohl etliches geändert.

Besorgen Sie sich also noch einmal Zeitungen, Kataloge, Prospekte und Illustrierte mit vielen, möglichst bunten Abbildungen, eine Schere, Klebstoff und drei Bogen festes Papier in der Größe DIN-A3. Und während Ihre Lieblingsmusik läuft, geben Sie Ihren drei neuen wichtigsten Zielen Gestalt durch die bunten Bilder aus Ihrem Zeitungsmaterial. Diesen Bildern sollten Sie einen Ehrenplatz zuweisen, sie auf jeden Fall aber dort plazieren, wo sie gut zu sehen sind. Dann werden Sie sofort an Ihre Ziele und Visionen denken. Schließlich wäre es doch jammerschade, die erweckten Talente wieder in den Schlaf sinken zu lassen und sich selbst den Genuß eines Lebens voller Faszination zu versagen.

Epilog

Nun wissen Sie, was Sie in Ihrem Leben wirklich erreichen wollen. Vielleicht waren Sie bei den langen und manchmal harten Prüfungen kurz davor aufzugeben, alles hinzuwerfen und so weiterzuleben wie bisher. Doch Sie haben durchgehalten, an sich gearbeitet, und jetzt haben Sie es geschafft: Sie sind Ihren Talenten ein ganzes Stück nähergekommen, haben aus vagen Hoffnungen und Wünschen eine Vision entwickelt und daraus konkrete Ziele abgeleitet. Und Sie werden mit Ihrer ganzen Kraft darangehen, diese Lebensziele und Visionen zu verwirklichen. Glauben Sie mir, wenn Sie sich jeden Tag Ihre Ziele intensiv verdeutlichen, werden Sie in sich Kräfte freisetzen, von deren Existenz Sie bisher nicht einmal etwas geahnt haben.

Auf der aufregenden fröhlichen Fahrt Ihren Zielen entgegen wird zwar noch das eine oder andere unvorhersehbare Hindernis vor Ihnen auftauchen. Dann und wann müssen Sie noch eine Kurskorrektur vornehmen oder einen Sprung wagen. Doch Sie wissen ja, wohin die Reise geht. Sie kennen Ihre Visionen und haben Ziele festgesetzt, die Sie dort hinführen werden!

Doch was würden Sie tun, wenn Ihre Vision nur über einen sechs Meter langen Glutteppich zu erreichen wäre? Was würden Sie tun, wenn Sie für die Umsetzung jedes Ziels einen Schritt über die Glut gehen müßten? Würden Sie es wagen, mit bloßen Füßen darüberzulaufen?

Der Feuerlauf

Der Feuerlauf ist durchaus mit dem vor Ihnen liegenden Weg zu Ihrer Vision zu vergleichen. Stellen Sie sich das ruhig einmal vor:

Sie haben einige halbe Meter lange Holzscheite zu einem hohen Turm aufgeschichtet, ihn angezündet und warten nun darauf, daß eine Glut entsteht, die Sie dann zu einem Glutteppich von drei mal sechs Metern zerharken. Nun stehen Sie vor dieser 800 bis 1 200 Grad heißen Glut, legen die Harke zur Seite, ziehen Schuhe und Strümpfe aus. Und Sie wissen, wenn Sie das schaffen, werden Sie all das erreichen, was Sie sich wünschen.

Und doch wirbeln unendlich viele Gedanken durch Ihren Kopf: Ich werde mich sicher verletzen, das ist bestimmt sehr gefährlich, wie soll das funktionieren …? Angst steigt in Ihnen hoch. Angst, daß Sie sich verbrennen, wenn Sie es wagen. Gleichzeitig aber auch die Angst, alles zu verlieren, wenn Sie es nicht wagen. Sie geraten in ein Spannungsfeld der Extreme.

Wenn Sie schon einmal an einem Feuerlauf teilgenommen haben, wissen Sie, daß es nur eine Kraft gibt, die es möglich macht, über die Glut zu laufen: Präsenz. Wenn Sie präsent sind, werden Sie jede Situation intensiv wahrnehmen können, und die Angst wird transformiert in eine sensible Spannung, in ein Gefühl, als stünden Sie vor neuem, unbekanntem Land. Wenn Sie dann, mit diesem Gefühl, über die Glut gehen, werden Sie die Erfahrung machen, daß Ihnen nichts geschieht. Ihr Körper ist in der Lage, sich vor jeglichen Verbrennungen oder anderen Verletzungen zu schützen. Je präsenter Sie sind, je klarer Ihnen ist, was Sie tun, um so mehr ist Ihr Körper geschützt, um so einfacher ist es letztendlich. Jeder kann über Feuer gehen, ohne irgendeine Vorbereitung. Er muß nur vollkommen präsent sein.

Sicher werden Sie schon sehr oft erlebt haben, daß Sie aus einer gefahrvollen Situation unversehrt herausgekommen sind. Ihre Aufmerksamkeit war so konzentriert auf den Vorfall gerichtet, daß alles andere nicht wahrgenommen wurde. Vielleicht haben einige von Ihnen einen schweren Unfall miterlebt und erfahren, daß sie in dem Moment des Unfalls vollkommen anwesend waren, mit einer bemerkenswerten Fähigkeit, die Dinge aufzunehmen. Und erst als alles vorbei war, kamen plötzlich die negativen Gefühle und ängstigenden Gedanken auf, begleitet von Schweißausbrüchen, Zittern oder einem Schock. Aber Sie hatten gar keine andere Chance, als im Moment des Geschehens absolut gegenwärtig, vollkommen präsent zu sein.

Aber ist es nicht eigentlich Blödsinn, über glühende Holzscheite zu gehen? Es hat keinen besonderen wirtschaftlichen oder gesellschaftlichen Vorteil, das stimmt. Aber es vermittelt eine bestimmte Erfahrung. Es ist das Erleben der eigenen Macht, die Dinge in Ihrem Leben zu erreichen, die Ihnen wichtig sind. Der Feuerlauf hat nichts mit einer Mutprobe zu tun, es geht nur um das Erkennen der eigenen Möglichkeiten: Sie können über sich hinauswachsen, Sie können Dinge tun, die Sie für absolut unmöglich gehalten haben. Sie können herausbekommen, wie Sie reagieren, wenn Sie vor der Glut Angst empfinden. Sie werden mit irrwitzigen Gedanken konfrontiert, die aber eigentlich alle sinnlos sind und Sie nur davon abhalten wollen, Neuland zu betreten. Sie fallen Ihren eigenen Vorstellungen und Gefühlen zum Opfer. Denn ob Sie über die Glut laufen oder nicht, hängt einzig und alleine von Ihrem inneren Dialog ab. Wenn Sie all die Gedanken zurückdrängen, die Ihnen Fluchtgedanken einflüstern und Rechtfertigungen an die Hand geben, dann werden Sie es tun.

Der Feuerlauf ist eine Möglichkeit, alte Programmierungen zu verändern. Sie machen dabei eine Erfahrung, die Ihre widersprechenden Gedanken radikal widerlegt. Wenn Sie also mehr daran glauben, was in Ihrem Leben alles nicht geht, als daran, was alles möglich ist, dann ist das ein absoluter Grund für den Feuerlauf. Im Grunde ist es gleichgültig, ob ein Mensch über glühende Kohlen geht oder nicht. Aber es ist nicht gleichgültig, wenn er etwas tut, was er vorher für unmöglich gehalten hat. Denn das zwingt ihn, seine Überzeugungssysteme neu zu überdenken.

Menschen lernen durch das Feuerlaufen, wie sie ihr Denken und Verhalten so verändern können, daß es ihnen möglich wird, neue Ergebnisse zu erzielen. Auch wenn sie Angst haben oder sich auf die eine oder andere Weise eingeengt fühlen, lernen sie dabei, ihre körperlichen Verhaltensweisen und ihre inneren Überzeugungen so zu gestalten, daß es für sie möglich wird. Sie können in ihrem Inneren den Feuerlauf vom Erschrecken bis zum Machbaren umgestalten.

Was Sie in sich erleben und was Sie sich vorstellen, hängt davon ab, wie Ihre bisherigen Gedankenmuster Sie die Umwelt wahrnehmen lassen. Sie werden generalisieren und verallgemeinern, Sie werden eine Sache verkleinern, Dinge weglassen, verzerren, herausfiltern. Je nachdem, wie Sie es gerade brauchen können. Die Realität ist die

Realität, die Sie selbst schaffen. Daher entspricht die innere Wahrnehmung bei einem großen Ereignis wie dem Feuerlauf nicht genau dem, was tatsächlich geschieht. Vielmehr nehmen Sie das wahr, was Ihrer inneren Gedanken- und Vorstellungswelt entspricht. Das Bewußtsein des Menschen kann nicht alle Signale verarbeiten, die im Gehirn eintreffen. Sie würden sonst verrückt werden. Also muß ignoriert und gefiltert werden. Und daher ist es um so wichtiger, aus den millionenfachen möglichen Informationen diejenigen herauszufiltern, die keine Kraft geben. Und die Informationen, die Kraft geben, werden aufgenommen.

Der Feuerlauf ist eine Art Quantensprung, der eine rasche, sprunghafte Veränderung bewirkt. Danach ist es möglich, alte Barrieren mit Leichtigkeit zu überwinden. Denn sollten Sie sich darauf einlassen, werden Sie erleben, daß Sie „größer" sind als all Ihre Ängste, Zweifel und negative Gefühle. Sie werden erfahren, daß das, was Sie für unmöglich hielten, doch möglich sein kann.

Und damit sind wir wieder bei der Verwirklichung Ihrer Vision: Sie können im Leben alles tun, wenn Sie in der Lage sind, Ihre Ressourcen richtig zu organisieren. Wenn Sie wissen, Sie haben die richtigen Talente, die notwendigen Fähigkeiten und den absoluten Willen, Ihre Vision lebendig werden zu lassen, dann wagen Sie den „Feuerlauf" zu Ihrer Vision, und nutzen Sie dabei die Kraft der Präsenz. Die Präsenz in jeglicher Situation wird Sie schützen, wenn Sie in verunsichernde, beängstigende oder gar gefährlich erscheinende Situationen kommen. Präsenz hilft Ihnen, die Lage klar zu erkennen, Chancen zu nutzen oder notfalls den Kurs zu korrigieren. So ist es möglich, die Feuerläufe des Lebens mutig anzugehen und erfolgreich zu meistern.

Aber es ist wichtig, die Ziele sorgsam auszuwählen und immer wieder zu überprüfen. Denn wenn Sie sich Ziele setzen, die nichts mit Ihnen zu tun haben, sondern nur den gesellschaftlichen Normen oder den Erwartungen anderer entsprechen, wird Sie das zwar viel Schweiß und Fleiß kosten. Aber Sie werden den Weg ohne Freude und ohne Zufriedenheit gehen. Sie werden sich verbrennen.

Doch stimmen die Ziele mit Ihren Potentialen, Ihren Talenten und Visionen überein, dann werden Sie mit Eifer und Faszination der

Verwirklichung entgegenstreben. Solche Ziele geben einen Lebensweg vor, der Freude macht und das menschliche Wachstum fördert: Und das ist der eigentliche Sinn all der vielen Ziele: Sie weisen einen faszinierenden Lebensweg zu mehr Wachstum, um zu dem zu werden, was in uns ist. Der Weg ist das Ziel – aber ohne Ziele ist der Weg nicht erkennbar.

Eine seltsame Übung

Kurz vor dem Ende dieses Buches führen Sie wie zu Beginn noch einmal einen inneren Dialog mit sich selbst. Und auch jetzt sollten Sie sich dabei selbst ins Gesicht schauen. Sicherlich können Sie sich eine Zeitlang vor den Spiegel stellen, ein brandneues Polaroidfoto ist aber um einiges hilfreicher, zumal es Ihnen die bessere Möglichkeit bietet, sich wirklich wie einen fremden Menschen zu betrachten.

Bitten Sie also einen hilfsbereiten Menschen, Sie mit der Sofortbildkamera zu fotografieren, und dieses Foto kleben Sie hier ein.

Ist das ein zufriedener Mensch, der Ihnen da entgegenblickt? Ist es ein Mensch, der seine Ziele umsetzt, um seinen Visionen näherzukommen? Ein Mensch, der fasziniert ist von seinem Leben? Entdecken Sie etwas an ihm, was nicht mit ihm übereinzustimmen scheint? Versuchen Sie, diesen Menschen anhand der Fotografie kennenzulernen.

Danach gehen Sie mit dem Buch an einen Ort, an dem Sie allein sind, und dann: Vernichten Sie es! Sie brauchen es nicht mehr, denn die Quintessenz ist in Ihrem KO-BE-PRO enthalten.

Sie haben es in der Hand!

Der alte weise Yogi Mah-Vehir war dafür bekannt, auf jede Frage die richtige Antwort zu wissen. Zwei seiner jungen Schüler wollten ihn auf die Probe stellen und überlegten sich eine Frage, von der sie glaubten, daß er sie auf jeden Fall falsch beantworten würde.

Sie dachten sich folgendes aus: Einer von ihnen hält einen lebenden Vogel in seinen Händen und fragt Mah-Vehir, ob der Vogel lebe oder tot sei. Sollte der Weise antworten, der Vogel sei tot, würde er die Hände öffnen und den Vogel fliegen lassen. Doch würde die Antwort hingegen „lebendig" lauten, brauchte er nur die Hände kurz zusammenzudrücken, und der Vogel wäre tot. Wie die Antwort des Weisen auch ausfiele, es wäre niemals die richtige.

Nach einer langen und beschwerlichen Reise fanden sie Mah-Vehir und stellten ihm die Frage: „Ist der Vogel in meiner Hand tot oder lebendig, weiser Mah-Vehir?" Da lächelte der alte Yogi, schaute sie aus liebevollen Augen an und sagte mit ruhiger Stimme: „Mein Sohn, du allein hast es in der Hand, ob der Vogel lebt oder nicht."

Auch Sie haben es nun in der Hand, Ihre Ziele lebendig zu halten oder sie nach einiger Zeit sterben zu lassen. Denn das Ende dieses Buches ist für Sie nur der Anfang der Reise zu Ihren Visionen.

Dank

Alle Gedanken in diesem Buch beruhen auf Ideen, die mir von anderen Menschen

▶ in Gesprächen
▶ in Büchern
▶ in Seminaren

vermittelt worden sind. Für dieses Geschenk danke ich.

Die Menschen, die ich traf, waren keine, die ihr Wissen für sich behalten wollen; sie wollen es teilen, damit Sie es erfahren.

Zwei Frauen ein besonderer Dank: Brigitte Gawrisch und Manuela Eckstein – sie wissen warum.

Literatur

ATTAR, FARID UD-DIN: Vogelgespräche, Ansata Verlag, Interlaken 1988.

BACH, RICHARD: Illusionen, Ullstein Verlag, Berlin, Frankfurt am Main 1987.

BACH, RICHARD: Die Möwe Jonathan, Ullstein Verlag, Berlin, Frankfurt am Main 1987.

BARRIOS, ENRIQUE: Ami – der Junge von den Sternen, Falk Verlag, Seeon 1990.

BATESON, GREGORY: Ökologie des Geistes, Suhrkamp Verlag, Frankfurt am Main 1985.

BATESON, GREGORY: Geist und Natur, Suhrkamp Verlag, Frankfurt am Main 1982.

BENNETT, JOHN G.: Die Meister der Weisheit, Verlag Bruno Martin, Südergellersen 1993.

BROTHERS, JOYCE, EAGEN, EDWARD P. F.: In 10 Tagen zum vollkommenen Gedächtnis, Ariston Verlag, Genf, München 1989.

BUCHNER, DIETRICH: Manager Coaching, Junfermann Verlag, Paderborn 1993.

BUCHNER, DIETRICH: NLP im Business, Gabler Verlag, Wiesbaden 1994.

BUCHNER, DIETRICH: Team-Coaching, Gabler Verlag, Wiesbaden 1994.

BUCHNER, DIETRICH: Packen Sie's an, Gabler Verlag, Wiesbaden 1993.

BUCHNER, DIETRICH: Vision und Wandel, Gabler Verlag, Wiesbaden 1995.

CAREY, KEN: Vision, Falk Verlag, Planegg 1987.

CHATWIN, BRUCE: Traumpfade, Fischer Taschenbuch Verlag, Frankfurt am Main 1992.

COLDWELL, LEONARD: Die unbegrenzte Kraft des Unterbewußtseins, Irisiana Hugendubel Verlag, München 1994.

CSIKSZENTMIHALYI, MIHALY: Flow, Klett Cotta Verlag, Stuttgart 1992.

DILLMAN, BRUCE: Ziel um Ziel, Junfermann Verlag, Paderborn 1992.

FLEMMING, HANS-CURT: Sprünge, Verlag Hans-Curt Flemming, Stuttgart 1986.

FLEMMING, HANS-CURT: Blätter vom fliegenden Märchenbuch, Verlag Hans-Curt Flemming, Stuttgart 1984.

GHASALI, AL: Das Elixier der Glückseligkeit, Eugen Diederichs Verlag, München 1993.

GROF, STANISLAV: Die Chance der Menschheit, Kösel Verlag, München 1988.

GURDJIEFF, G. I.: Begegnungen mit bemerkenswerten Menschen, Aurum Verlag, Freiburg im Breisgau 1978.

HAETZEL, KLAUS: Wege auf Wasser und Feuer, ETB Verlag, Düsseldorf 1990.

HERRIGEL, EUGEN: ZEN in der Kunst des Bogenschießens, Otto Wilhelm Barth Verlag, Bern, München, Wien 1985.

HESSE, HERMANN: Narziß und Goldmund, Suhrkamp Taschenbuch Verlag, Frankfurt am Main 1975.

HESSE, HERMANN: Siddhartha, Suhrkamp Taschenbuch Verlag, Frankfurt am Main 1974.

HESSE, HERMANN: Der Steppenwolf, Suhrkamp Taschenbuch Verlag, Frankfurt am Main 1974.

JAXON-BEAR, ELI: Die neun Zahlen des Lebens, Knaur Verlag, München 1992.

KLEIN, NICOLAUS, DAHLKE, RÜDIGER: Das senkrechte Weltbild, Kailash Hugendubel Verlag, München 1993.

KONFUZIUS: Gespräche des Meisters Kung, Deutscher Taschenbuch Verlag, München 1985.

KOPP, SHELDON B.: Triffst du Buddha unterwegs ..., Fischer Taschenbuch Verlag, Frankfurt am Main 1978.

LAMA, DALAI: Das Buch der Freiheit, Bastei Lübbe Verlag, Bergisch Gladbach 1990.

LASKO, WOLF W.: Personal Power, Gabler Verlag, Wiesbaden 1995.

LASKO, WOLF W.: Stammkundenmanagement, Gabler Verlag, Wiesbaden 1993.

LASKO, WOLF W.: Small talk und Karriere, Gabler Verlag, Wiesbaden 1993.

LASKO, WOLF W.: Charisma, Gabler Verlag, Wiesbaden 1994.

LASKO, WOLF W., BUCHNER, DIETRICH, GRUNDMANN, HANS-JÜRGEN: Ihr persönliches Erfolgsprogramm, Econ Verlag, Düsseldorf, Wien 1991.

LASZLO, ERVIN: Die inneren Grenzen der Menschheit, Horizont Verlag, Rosenheim 1988.

LEM, STANISLAW: Die vollkommene Leere, Suhrkamp Verlag, Frankfurt am Main 1983.

MANDINO, OG: Das Geheimnis des Erfolgs, Verlag Norman Rentrop, Bonn-Bad Godesberg 1982.

MURPHY, JOSEPH: Die unendliche Quelle Ihrer Kraft, Ariston Verlag, Genf 1981.

MURPHY, JOSEPH: Das Wunder Ihres Geistes, Ariston Verlag, Genf 1985.

MURPHY, JOSEPH: Die Macht Ihres Unterbewußtseins, Ariston Verlag, Genf 1985.

MURPHY, MICHAEL: Der Quanten-Mensch, Integral Verlag, Wessobrunn 1994.

ROGERS, CARL R.: Der neue Mensch, Klett Cotta Verlag, Stuttgart 1983.

RUF, OSKAR: Die esoterische Bedeutung der Märchen, Knaur Verlag, München 1992.

RUF, OSKAR: Die esoterische Bedeutung des Lesens, Knaur Verlag, München 1992.

SCHIMMEL, ANNEMARIE: Sufi, Wilhelm Heyne Verlag, München 1993.

SCHNEIDER, WOLF: Die Sieger, Sternbuch im Verlag Gruner & Jahr, Hamburg 1993.

STEARN, JESS: Der schlafende Prophet, Knaur Verlag, München 1985.

STEVENS, JOSE UND LENA: Zur Quelle der Kraft, Bauer Verlag, Freiburg im Breisgau 1994.

STEVENS, JOHN Q.: Die Kunst der Wahrnehmung, Kaiser Verlag, München 1975.

STORR, ANTONY: Die schöpferische Einsamkeit, Paul Zsolnay Verlag, Wien, Darmstadt 1990.

TWEEDIE, IRINA: Der Weg durchs Feuer, Ansata Verlag, Interlaken 1992.

YOGANANDA, PARAMAHANSA: Autobiographie eines Yogi, Otto Wilhelm Barth Verlag, Bern, München, Wien 1985.

YUTANG, LIN: Die Weisheit der Laotse, Fischer Taschenbuch Verlag, Frankfurt am Main 1987.

ZIMMER, HEINRICH: Yoga und Buddhismus, Insel Taschenbuch, Frankfurt am Main 1973.

Der Autor

Wolf W. Lasko, Jahrgang 1953, Diplom-Ingenieur und Diplom-Kaufmann, ist geschäftsführender Gesellschafter der Winner's Edge, Gesellschaft für Führungs-, Strategie- und Verkaufscoaching mbH, und Geschäftsführer der European Academy & Research für NLP & More GmbH, beide in Düsseldorf. Zu seinen speziellen Beratungsschwerpunkten zählt die Umsetzung von Veränderungsprozessen in Unternehmen, besonders in Großprojekten.

Seine Bücher „Stammkunden-Management" (2. Auflage 1993), „Small talk und Karriere" (1993), „Charisma" (1994) und „Personal Power" (1995) sind ebenfalls bei Gabler erschienen.

Weitere Bücher von Wolf W. Lasko:

Small talk und Karriere
– Mit Erfolg Kontakte knüpfen –
ISBN 3-409-19679-X, 1993, 176 Seiten, DM 58,–

Nur wer Small talk sicher und elegant beherrscht, findet auch die richtigen
Kanäle zur Spitze und kann sich dort behaupten, wo die Luft dünn wird. 141
Karrierezünder und originelle Insider-Ideen liefern das praktische Hand-
werkszeug für den Einsatz vor Ort.

Stammkunden-Management
– Strategien zur Umsatzsteigerung –
ISBN 3-409-29617-4, 2. Auflage 1993, 290 Seiten, DM 78,–

Wie läßt sich der Umsatz erheblich erhöhen, ohne daß die Kosten nennens-
wert steigen? Dieser persönliche und unterhaltsame Ratgeber enthält ein Bün-
del von Maßnahmen und Instrumenten zur dauerhaften Umsatzsteigerung –
nie belehrend, aber mit Witz und Überzeugungskraft.

Charisma
– Mehr Erfolg durch persönliche Ausstrahlung –
ISBN 3-409-19680-3, 1994, 260 Seiten, DM 68,–

Wer Charisma besitzt, wirkt faszinierend, attraktiv und hat Erfolg. Charisma
steckt in jedem und kann erlernt werden. Leicht nachvollziehbare Entwick-
lungsschritte und teils höchst amüsante Tips zur Umsetzung helfen, die persönliche Ausstrahlung gezielt zu verbessern.

Personal Power
– Wie Sie bekommen, was Sie wollen –
ISBN 3-409-19699-4, 1995, 216 Seiten, DM 68,–

Wer sich Schritt für Schritt in unbekannte Gebiete wagt und sich von lähmen-
den Gewohnheiten befreit, kann das Potential seiner Personal Power erkennen und ausschöpfen. Wie, das zeigt dieses faszinierende Buch.

Zu beziehen über den Buchhandel oder den Verlag.
Stand der Angaben und Preise: 1.8.1995
Änderungen vorbehalten.

GABLER

**BETRIEBSWIRTSCHAFTLICHER VERLAG DR. TH. GABLER GMBH
TAUNUSSTRASSE 52–54, 65183 WIESBADEN**

Weitere Fachbücher zu Selbstmanagement und Karrierestrategie

Robert Becker
Besser miteinander umgehen
Die Kunst des interaktiven
Managements
284 Seiten, 78,– DM

Udo Datené, Gerd Datené
Burnout als Chance
Kräfte mobilisieren für Beruf
und Privatleben
180 Seiten, 58,– DM

Jagdish Parikh
Managing Your Self
Streßfrei und gelassen auf
dem Weg zu Spitzenleistungen
224 Seiten, 78,– DM

Winfried Prost
Führe dich selbst!
Die eigene Lebensenergie
als Kraftquelle nutzen
160 Seiten, 68,– DM

Udo B. Schwartz
First Class
In Spitzen-Restaurants und
Top-Hotels professionell auftreten
224 Seiten, 68,– DM

Gerhard Schwarz
Konfliktmanagement
Sechs Grundmodelle
der Konfliktlösung
191 Seiten, 68,– DM

Wolfgang Siemers
Management and more
Die Kunst der Führung in 12 Briefen
204 Seiten, 68,– DM

Wolfgang Siemers
Management auf dem Prüfstand
Die Praxis bringt es an den Tag
152 Seiten, 48,– DM

Rudolf F. Thomas
Chefsache Mobbing
Souverän gegen Psychoterror
am Arbeitsplatz
160 Seiten, 58,– DM

Rolf Wabner
Selbst-Management
Wie Sie zum Unternehmer
Ihres Lebens werden
91 Seiten, 38,– DM

Rosemarie Wrede-Grischkat
Manieren und Karriere
Verhaltensnormen für
Führungskräfte
332 Seiten, 72,– DM

Zu beziehen über den Buchhandel
oder den Verlag.

Stand der Angaben und Preise:
1.5.1995

Änderungen vorbehalten.

GABLER

BETRIEBSWIRTSCHAFTLICHER VERLAG DR. TH. GABLER GMBH,
TAUNUSSTRASSE 52–54, 65183 WIESBADEN